문학과지성 시인선 332

바이칼 키스

신대철 시집

문학과지성사

문학과지성사에서 펴낸 신대철의 시집

무인도를 위하여(1977)
개마고원에서 온 친구에게(2000)

문학과지성 시인선 332
바이칼 키스

초판발행 2007년 5월 9일
2쇄발행 2007년 9월 28일

지 은 이 신대철
펴 낸 이 채호기
펴 낸 곳 ㈜문학과지성사

등록번호 제10-918호(1993. 12. 16)
주　　소 서울 마포구 서교동 395-2(121-840)
전　　화 02)338-7224
팩　　스 02)323-4180(편집)　02)338-7221(영업)
전자메일 moonji@moonji.com
홈페이지 www.moonji.com

ⓒ 신대철, 2007. Printed in Seoul, Korea

ISBN 978-89-320-1774-7

* 이 책의 판권은 저작권자와 ㈜문학과지성사에 있습니다.
　양측의 서면 동의 없는 무단 전재 및 복제를 금합니다.

　이 책은 한국문화예술위원회가 선정한 우수문학도서로
　국무총리복권위원회의 복권기금을 지원받아 무료로 제공합니다.
　(참조: www.for-munhak.or.kr)

문학과지성 시인선 332
바이칼 키스

신대철

2007

시인의 말

　황야에 살아 있는 것들은 그 하나하나가 절규였다. 나는 절규와 먼지 사이에서 인간적인 것 일체를 버리려고 숨죽이며 살았다. 그때 시간 앞에 죽음 앞에 무슨 생명의 기운이 돌았던가? 밤공기를 뒤흔드는 늑대 울음소리, 울부짖는 별빛, 그 뒤에 붙어오는 숨 막히는 허공. 어디서 오는지도 모르는 푸른 고독 속으로 바이칼 물소리가 울려왔다.

　나는 시베리아 숲 속을 돌고 돌아 바이칼을 향해 갔다. 열차는 이름 모를 야생화와 구릉 사이로 달렸다. 구릉 위에서 아이들이 춤추듯이 내려오며 손을 흔들고 있었다. 아이들은 손을 흔들수록 손 가득히 피어나는 흰 물결을, 눈빛승마를, 뭉게구름을 놓치면서 먼 곳을 바라보았다. 황야에 묻혀 있던 천지와 그리운 얼굴들이 차창에 어렸다. 문득 물결 높아지고 눈길 흩어진 자리에 들어서는 병풍벼랑 밑의 단아한 자작나무들, 열차는 북서쪽으로 휘어지는데 나는 북동쪽으로 돌아서서 삐이 하고 날아가는 새 울음소리에도 온몸이 덜컹거렸다.

　압록강, 신의주, 사리원, 알혼 섬
　큰 파도 위에 떠다니는 개성, 문산

2007년 봄
신대철

바이칼 키스

차례

시인의 말

제1부

바이칼 9
눈부신 소리 15
바이칼 소년 16
할머니와 허스키 18
바이칼 키스 1 20
바이칼 키스 2 23
바이칼 키스 3 25
푸른 무덤 26
시베리아 횡단열차 1 28
시베리아 횡단열차 2 32
타마리스크 나무 아래 35
황야에서 1 36
황야에서 2 38
황야에서 3 39
황야에서 4 40
황야에서 5 42
빗방울 화석 44
흘러온 물 푸르게 흘러가는 초원에선 빛이 향기를 낸다 45

고산 유목민   50
흐르는 초원   53
아기 순록   54
초원길   56
초원의 빛   58
몽골 일기 1   60
몽골 일기 2   61
몽골 일기 3   63
몽골 일기 4   65
몽골 일기 5   66
몽골 일기 6   67

제2부

모퉁이길 잔상   71
분꽃씨   72
합대나뭇골   74
흰 진달래꽃   76
첫 목도리   77
천마의 시   80
벌하고 꽃한테만 일 시키지 말고   82
국경   84
천지에서 부르는 노래   86
압록강   88
애기괭이눈에게   90
두만강 첫 다리를 스치며   92
두만강   94

흑풍 속으로 96
자작나무 99
백두산 천지 1 100
백두산 천지 2 102
향로봉에서 그대에게 2 104
새, 바람, 무슨 생각 106
벼랑 능선 108
곰배령 넘어 109
알스트로메리아 110
박새 가족과 봄노래를 112
군락(群落) 113
가을이 오면 114
세 잎 양지꽃 115
지리산 1 116
지리산 2 119
산늪을 품고 122
사이 1 123
사이 2 125

해설 | 은빛 푸른 영혼 · 황광수 127

제1부

바이칼

1. 은빛 물빛

큰 소나무 위에서
품속으로 돌아온 아이들
산 능선 걸치고 잠들어가면
할머니는 먼 곳을 향해 웃으셨습니다.

잔잔한 할머니 눈가에 잡히던 은빛 물빛
바람에 눈빛승마에 반짝이던 은빛 물빛

할머니 돌아가신 뒤에는
먼 곳으로 번져갔던 웃음이
숨결을 타고 아내의 눈가로 돌아왔습니다.

눈 날리고 해 저물고

아이들이 전자(電子)사막에서 헤매다 돌아와도
아내는 모래와 흙과 먼지에 뒤덮인 채

먼 곳을 보고 조용히 웃었습니다.
은빛 물빛 할머니의
할머니의 머나먼 할머니를 향해

2. 바이칼에선 누구나 한 영혼?

숨결 흐르는 대로
흘러가는 길

광활한 평원을 가로질러
숨 부드러워지는 곳에서
우리는 잠시 길을 멈추었습니다.

 백두대간을 타고 가면 한자리에 잔상으로 스치던 솜다리와 엉겅퀴와 민들레가 길언덕에 한데 어울려 있었습니다. 혼자 있어도 묵묵히 자기 대역을 하며 살아온 노인이 엉겅퀴 옆으로 끼어 들어가 무심히 서 있었습니다. 메마른 땅엔 흰 구름, 흰 구름, 솜털 가시지 않은 처녀들이 바람 따라 들어오다 주춤했습니다.
  작은 구릉 위에서 누군가 바이칼! 바이칼! 하고 소리쳤습니다. 출렁출렁 푸르게 넘쳐오는 소리를 향해 일행들이 고개를 쳐들고 돌아보았습니다. 바이칼이 바로 눈앞에 있었지만 울란우데에서 온 노점상 부리야트 가족도 그쪽을 바라보았습니다. 우리 몸속 어딘가에 바이칼 숨결이 흐르고 있었던가요? 바이칼이 우리 영혼의 이름이었던가요? 물살이 스치기만 해도 가슴까지 수심이 차올랐습니다.

(바이칼,
우리가 있기 전에 우리가 오고
우리가 있기 전에 우리가 그리워한 곳
오래오래 꿈꾸어도
물결 소리 들리지 않으면
영혼이 머물 수 없는 곳)

우리는 허공으로 숨 몰아쉬고
높은 데로 오르고 오르다가
수심으로 푸르게 숨쉬면서
그대 눈으로 알혼 섬*을 보고
내 눈으로 후지르를 생각하고
한 영혼이 되어 호수를 건넜습니다.

3. 후지르 마을

부르한 바위 앞에서
알 수 없는 힘에 이끌려
모두들 알몸으로 물속에 잠겼습니다.
오색 물무늬들 어지럽게
수면을 스치는 순간
몸속에 들어와 있던 수심이
조금씩 물살로 풀어졌습니다.
가슴엔 일렁이는 푸른빛만 남았습니다.

어린 시절 굴뚝 밑에서
처음으로 죽음을 느끼고 울고 있을 때
사람은 누구나 먼 곳에서 왔다가
다시 먼 곳으로 돌아간다고 하시던 할머니,
그 먼 곳을 무서워하며 그리워하던 시절부터
머리 위에 붙어오던 까마귀떼들이
벼랑 위 자작나무**로 옮겨 앉았습니다.

자작나무도 우리의 은빛 푸른 영혼?

바이칼 바람 소리
높고 은은해지고
  솔숲 우거진 산자락 아래 안 보이던 마을이 보이기 시작했습니다. 탯줄 같은 구릉길, 나지막한 분지에 포근히 들어앉은 후지르 마을, 행인 하나 없어도 빨랫줄에 옷가지 흔들리고 판자 울타리 휘어지게 넘어오는 흰 감자꽃들, 언젠가 들은 듯한 자장가 소리에 보얗게 저녁 연기가 피어오르고 있었습니다.

* 바이칼 호에 있는 섬 중 가장 큰 섬. 섬 주민은 주로 후지르 마을에 모여 사는데, 대부분 부리야트인들이다. 이 섬에는 샤머니즘 성소인 부르한 바위가 있고 우리의 인당수를 상기시키는 설화도 남아 있다.
** 시베리아 샤머니즘에서 자작나무는 하늘과 인간을 중재하는 우주목이다. 샤먼이 되려면 하나의 통과의례로 자작나무를 올라야 한다.

눈부신 소리

바이칼, 후지르 마을, 에스키모 수예품 같은 그림이 벽마다 붙어 있는 방, 문풍지 울리듯 거칠게 생나무 연기 뒤흔드는 살바람, 춤추는 불 그림자 한가운데 꽃판을 이루는 고향의 어린 동무들

구릉으로 야생화로
바이칼 소년으로
꽃판 자주 바꾸어도
잠 오지 않는 여름밤

호숫가 벼랑 위에 앉았다. 별빛 흐려지는 은하수 근처에서 별똥별이 쏟아진다. 소원을 말해봐, 누가 속삭인다, 비밀이야, 누가 속삭인다, 누구더라, 누구더라, 아린 목소리만 남은 고향의 어린 동무들

너는 소원도 비밀도 없니?
누가 속삭인다.

바이칼 소년

자작나무 숲 속에 햇빛이 들어온다.
나무와 나무 사이 여백이 밝아진다.

바이칼 소년이 빛을 등지고 웃고 있다. 엊저녁 꺼져가는 난로 속에 통나무를 세우고 매운 연기 속에 후우우 바람을 불어 넣던 소년, 불 피운 뒤에도 밤늦도록 불가에 앉아 가슴 깊이 불기운을 들이마시던 소년,

(호수 건너 머나먼 곳을 꿈꾸다
엊그제 오물* 잡으러 간
아버지의 무사귀환을 빌었을까?)

소년이 나가자 천장 높아지고 누우면 옛집처럼 한없이 방바닥이 내려앉았다. 떠돌이들이 구멍 뚫린 창문에 슬며시 남기고 가던, 저 떨리는 목소리 같은 흰 별빛, 바람 속의 바람 소리, 그 옛날 산소년들은 한밤에 떠돌이들을 찾아 얼마나 눈 속을 헤맸던가. 흘

어진 산길을 한 줄로 몰아 마을 쪽으로 돌려놓고 가슴 속의 풀과 나무와 짐승 이름을 아무도 모르게 사람 이름으로 바꿔놓고 그 이름 지워질 때까지 다시 돌아오지 않던 그리운 이웃들.
   바이칼 소년은 웃다 말고 나무와 나무 사이 여백에 박혀 있고 나는 그 떠돌이 이웃들처럼 자리를 뜬다. 번쩍 소년이 내 몸속으로 들어왔다 나간다. 바이칼, 바이칼,

   소년이 들어왔다 나간 몸속에 은빛 푸른 영혼이 돈다.
   내가 지상에 오기 전에 핏속에서 오래 기억하고 그리워한

* 바이칼 호에 사는 물고기.

할머니와 허스키

금강송 잔가지들은 햇빛 받으러
나무 꼭대기에 올라가 있다.
넘치는 햇살만 줄기 타고 번져온다.

벌겋게 까진 산길엔 통나무집 한 채
손가락으로 머리 빗는 할머니
장성한 자식들 도시에 나가 있고
소리 없이 일어나는 개 한 마리

허스키,
눈썰매에 디프테리아 항혈청 싣고
혹한 속 멀고 먼 설원을 달려
놈*아이들을 구해낸 시베리안 허스키

가만히 머리를 쓰다듬으니
부드럽게 목을 들어올린다.
털 속의 털 보얗게 드러날 때
푸른 눈빛에 스쳐가는 눈보라

눈보라 속을 헤쳐 나와
할머니 옆에 기대앉는 허스키

할머니가 손가락으로 미소로
허스키의 뭉친 털을 빗겨주고 있다.

* 1925년 1월, 알래스카 서쪽 베링 해 연안에 있는 놈에서 디프테리아가 발생했을 때 썰매꾼 20여 명이 앵커리지에서 1,100km 거리를 이어 달린 끝에 5일 만에 놈에 도착해 마을 사람들을 병마로부터 구해냈다. 이때 항혈청을 싣고 달린 개들 중 마지막 두 구간의 리더견 발토는 시베리안 허스키였다. 해마다 열리는 알래스카 이디타로드 개썰매 경주는 바로 1925년에 있었던 항혈청 운반 사건을 기리는 행사이다.

바이칼 키스 1

물살 그림자

투명한 물살 밑에 일렁이는
희미한 문살무늬 그림자

창호에 무슨 소리 어리는 듯 나는 그림자 속으로 빨려 들어갔다. 머리끝에 마른번개 스친 뒤 물은 금시 정강이까지 차올랐다. 콧수염 달린 사내가 달려와 소매를 잡아당겼다. 맨발에 해맑은 얼굴, 나는 망설이다가 그가 미는 대로 밀려갔다. 모래밭이 끝나는 산비탈 중턱 자작나무 사이에 노란 텐트가 열려 있었다. 젊은 여자가 밖을 내다보며 환하게 웃고 있었다. 물도 그림자도 깊어서? 나도 환하게 웃었다. 모두 바이칼에서 태어났다고 했다. 나도 두 사람 사이에서 막 태어났다고 하니 소리 내어 웃었다.

바이칼은 호수 이름이 아니라
피의 영혼의 이름이죠?

사내는 내 말을 되받아 바이칼은 영혼의 눈빛이라고 신파조로 중얼거렸다. 우리 앉은 자리는 어느새 가설무대가 되었다. 그는 내 코에 코 비비고 볼에 볼 비비고 느닷없이 온몸에 서릿발 서는 첫키스를 날렸다. 아무도 없었지만 물과 바람과 햇빛 속에서 비명소리가 울려왔다. 황폐한 내 몸속에 누가 또 있었던가? 바이칼 소년이? 온몸에 문살무늬 그림자 어른거리고 하늘엔 흰 구름 한 점 기웃거리다 흘러갔다.

아이두세 요하르 아이두세 헤이부룰라*

검붉은 노을이 꺼지는 저녁, 우리는 장작개비를 들고 구릉에 올랐다. 하늘을 향해 장작불을 피워 불길을 올렸다. 샤먼이 하는 대로 두 손으로 불기운을 퍼 깊이 들이마시고 두 발을 하나씩 불 위로 돌려 몸을 정화했다. 샤먼이 북을 치자 가슴에 묻힌 영혼들이 불려나온다. 빙 둘러서서 춤추며 노래한다. 아이두세 요하르 아이두세 헤이부룰라, 맑혀진 영혼들 불길 타고 하늘로 올라가고 몸 타고 태초의 어둠이 내려온다. 아이두세 요하르 아이두세 헤이부룰라

    피부도 족속도 모르지만
    우리의 푸른 불기운은
    손에서 손으로 넘어간다.
    빙글빙글 도는 춤 속에
    바이칼 뜨거운 피가 흐른다.

* 아이두세라는 여자 샤먼이 하늘을 향해 노래하고 기도하다 승천했다는 뜻. 바이칼 샤먼이 의식할 때 부르는 노래 중 후렴구로 쓰이고 이 후렴구는 의식에 참여하는 사람들이 강강술래 하듯 빙글빙글 돌면서 샤먼과 함께 합창한다.

바이칼 키스 2

후지르 마을 네거리에
녹슨 유모차를 밀고 가던 꼬맹이가
노점 앞에 멈췄습니다.
낯선 노인을 보고는 슬며시
유모차를 가리는군요.

노인이 아기한테 개구리 울음소리를 내며 다가가는군요. 꼬맹이는 가만히 올려다보고 아기는 방긋 웃는군요. 아, 노인 뒤의 노점 주인이 아기 엄마였군요.

가판대에서는 초원과 사막을 건너온 새 날개 같은 옷 사이로 물 땡땡이와 원색 꽃무늬 원피스가 하늘거립니다. 노인이 그 옆에 붙어 서서 옷감을 만져보는군요. 아기 엄마가 원피스와 노인을 번갈아 쳐다봅니다. 노인은 얼른 가판대에 턱을 받치고 있는 꼬맹이를 가리킵니다. 손녀가 떠오른 모양이군요. 아기 엄마가 꼬맹이 옷을 고르다가 손을 젓는군요.
 아기 엄마와 꼬맹이는 옆에서 아기를 어르고 노인

은 다시 개구리 울음소리를 내는군요. 아기는 개구리 울음소리에 방긋방긋 웃습니다. 아기의 눈빛이 번져가는 햇빛 한가운데로 노인이 두둥실 떠오르는군요. 노인도 어느새 방긋방긋 웃고 있습니다. 바이칼 호수가 양수처럼 노인과 아기를 감싸는군요. 호수가 문득 은은해지고 있습니다.

바이칼 키스 3

바이칼 도선장 앞에는 백발에 금발에 흑발, 구릉 넘어온 바람결도 푸르게 흐르네요. 묻지 않아도 바이칼이 아버지의 아버지의 고향이라네요. 바이칼 호수에 저렇게 많은 빛깔이 숨어 있었네요.

울란우데에서 왔다는 부리야트 족 블라디미르*는 한국 사람만 보면 온몸을 번쩍 들어 올리네요. 두 손으로 나란히 받친 허공에 무엇이 있기에 모두들 아찔하다고 하고 짜릿한 향내가 난다고 하네요.

허공에서 내려온 사람들은 체온이 흐르던 허공도 블라디미르도 보지 않고 돌아서서 호수를 보고 웃네요. 흰 물결이 가슴을 수평선까지 밀어 올렸다 내려놓은 것처럼요. 옆에서 보기만 해도 온몸에 물결이 출렁거리네요.

---

* 부산 국제대회에도 참가한 적이 있는 러시아 레슬링 선수. 한국인만 보면 반갑다는 뜻으로 몸을 번쩍 들어 올려 수인사를 한다. 알혼 섬으로 들어가는 도선장 입구에서 여름 한철 노점상을 한다.

푸른 무덤

느릅나무숲 속에 무언가 스쳐간 자취가 남아 있었습니다. 물비린내와 나무비린내가 뒤섞인 물안개 흐르는 자리에 보얗게 야생화들이 돋아나 있었습니다. 통나무 찍는 소리가 울릴 때마다 눈점박이 수캐가 짖어대고 있었습니다. 죽죽 뻗어 올라간 나무들 사이에서 잠시 서성이고 싶었지만 몸은 이미 호수로 열려 있었습니다. 물가에 한 젊은이가 넋 놓고 앉아 있었습니다. 엊그제 죽은 동생을 바이칼에 뿌렸다고 했습니다. 어깨와 다리의 힘이 서서히 풀려나갈 때까지 나는 젊은이 옆에서 물결 소리만 들었습니다.

땀 흐르는 등줄기에
파편만 남기고 죽은 혈육들
개울창에 엎드린 채
폭음과 함께 사라진 동무들
분계선에 뒹굴던
갈대숲 모래밭의 하얀 뼛조각들

떠오르는 대로 혼 달래어
머리 위에 흐르는 물길로 달래어
바이칼 호수에 묻고
하늘로 덮었습니다.
흐느껴 우는 젊은이 옆에
나는 가만히 앉았습니다.

검푸른 물결 푸르러지는 벼랑 근처에서
자작나무가 가까이 다가오고 있었습니다.

시베리아 횡단열차 1

황원 속으로 강줄기들 사라지고
가느다란 사행천 삼각주에
퇴적물같이 남는 마을들

풋내 나는 바람 속에 숨어서
눈빛승마를 흔드는 아이들

구릉구릉구릉

 열차는 휘어진 굴속으로 기어든다. 인생의 수수께끼*를 잊으려고 혹은 바꾸려고 굵은 지명을 따라간 승객들, 레나 강에서 북극 랍테프 해로 흘러간 승객들이 먼저 언 몸으로 굴속으로 들어온다. 무릎 위에 지도를 접어놓고 무겁게 눈을 붙인다. 난간으로 쏟아져 나간 노랑머리 젊은이들은 쉬지 않고 어둠을 향해 괴성을 지른다. 괴성에 불려나온 허공이 내 몸속의 진동판을 울렸다 나간다. 통나무와 구릉과 숨죽인 아우성들이 한 덩어리로 굴러가다 덜그덕 덜그덕 침목

(枕木)으로 놓이는 사이 땀방울인지 물방울인지 번들거리는 굴벽을 타고 주욱 뻗어나가는 허공,

    오리 날아간 자리에
    철새가 앉아 있는 솟대

    풀과 벌레와 짐승은
    숲 속에 갇혀 있고
    보호구역을 찾아 깃드는 황야

열차는 달리면서 비워지고 광활한 하늘에서 어두운 얼굴들이 다가온다. 코민테른 자금**을 싣고 모스크바에서 베르흐네우딘스크까지 금괴 상자 위에서 교대로 잠들던 한형권, 박진순. 상해로 자금을 운송하고 고륜으로 되돌아와 잠깐 북경에 다녀온다는 말 한 마디 흘리고 고비 넘어 고비, 모래와 흙먼지 속으로 쫓겨가다 백당에 잡힌 이태준,*** 그 뒤에 그림자같이 붙어 있는 마자알,

이태준이 죽어도 고향으로 돌아가지 않고 북경 성
내 술집을 드나들며 의열단을 찾아 헤맨 마자알, 그
대에게 의열단은 무엇이었는가.

마자알, 마자알, 이라크, 아프가니스탄,

열차는 레일도 없이
심장의 박동 소리로
시베리아 평원을 횡단한다.

  * "인생의 수수께끼를 풀 수 있는 사람들은 거의 시베리아에 남
    아서 만족스럽게 뿌리를 내린다. 그 결과 그들은 풍부하고 감
    미로운 열매를 얻게 된다."—도스토옙스키의 『죽음의 집의
    기록』 서론에서 인용.
 ** 1920년 4월, 레닌이 상해임시정부에 독립운동 자금으로 200만
    루블을 주기로 약속했는데, 1차분으로 40만 루블에 해당하는
    금괴를 주었다. 그해 9월 초 이 금괴 상자를 시베리아 횡단열
    차로 모스크바로부터 베르흐네우딘스크(울란우데)까지 한인
    사회당 코민테른 파견대표 박진순과 상해임시정부 특사 한형
    권이 주야 교대를 하며 운송했다.
*** 몽골의 마지막 황제 주치의 이태준(1883~1921)은 경남 함안
    에서 태어났다. 1914년 처남 김규식의 권유로 울란바토르에

들어가 의열단에 가담하고 항일운동을 하는 한편 동의의국이란 병원을 열고 위생계몽운동을 벌였다. 1921년 약산 김원봉에게 고륜(울란바토르)에 머물러 있던 폭탄 기술자 마자알(헝가리인)을 소개시키려고 고비사막을 넘다가 일본군과 긴밀한 관계를 유지해온 러시아 백당(세미요노프 군대)에 잡혔다. 이태준은 총살당했지만 마자알은 외국인 신분으로 풀려나와 북경 술집을 드나들며 의열단 단장 김원봉을 찾아 헤맸다. 헝가리 애국자였던 마자알은 의열단을 위해 테러 공작용 폭탄을 제조하고 폭탄 운반에도 참여했다.

시베리아 횡단열차 2

1

앙가라 강* 가까이
'영원한 불'** 타오르고
그 불 품어 안고
강물은 도시에 물안개를 씌운다.

 가가린의 두상도 거리도 형체 없이 지우는 물안개를 따라가면 영혼처럼 다가왔다 사라지는 가로등 아래 술내를 풍기며 하수도를 고치는 노동자들, 작은 체구에 까무잡잡한 갈색 얼굴들은 돌아가지 못한 관동군 포로 후손들일까? '야폰스키, 다모이,***' 다모이 소리를 채찍처럼 맞으며 시베리아로 끌려간 관동군들. 탄광, 채석장으로 치타, 크라스노야르스크로 질질 끌려다닌 조선 징용자들, 하루에 멀건 죽, 검은 빵 300g, 밥 반 공기에 혹한에 언 눈, 나라는 사라져도 잔상처럼 눈보라에 찍혀 나오던 짓눌린 얼굴들

바람 줄지어 흐르고
물오른 침엽수림 옆으로
둥근 밥상 같은 구릉선이 기울어진다.

2

녹슨 선로 수리하며
끝없는 행렬 보고 끝없이 행군

 삼림 지대를 지나 민둥산을 지나 헐벗은 초원, 조선 징용자들은 이름이라도 되찾고 싶었을까? 일본 국적에 일본인 이름으로 호명되어 구멍 숭숭 뚫린 수용소로 끌려 들어갈 때 더듬거리는 일본말로 우린 카레이스키라고 호소하면서 다시 한 번 치욕을 느꼈을까? 그 치욕 때문에 강제노역과 굶주림을 이길 수 있었을까?

떳목이 완성되기 전에 벌목장엔 아침이 오고 탈주
포기한 채 통나무만 떠내려 보내던 조선 징용자들,
일본인들 귀환한 뒤에도 시베리아에 버려져 노역에
시달린 조선 징용자들

야생화에 핏빛 숨겨놓고
흥남 부두를 향해 아직도
바람 속을 굴러다니는 조선인 유골들

열차는 비명을 지르며
자작나무숲 속을 빠져나온다.

  * 바이칼 호에서 흘러나오는 유일한 강. 이르쿠츠크를 동서로
    가르며 북극해로 흘러든다.
 ** 2차 대전 당시 죽은 2천만 명의 러시아 인들의 혼을 기리는
    불. 도시마다 이 '영원한 불'이 타오른다.
*** 귀가라는 뜻.

타마리스크 나무* 아래

 모래폭풍이 땅을 뒤집는 순간 황야가 떠오르기 시작했다. 어두운 몸으로는 감당할 수 없는 푸른 하늘, 붉은 흙먼지, 야생의 숨결을 받은 것들은 숨 돌릴 새 없이 몸부림쳤다. 무엇에 쫓겨 가는지 짐승들이 미친 듯이 달렸다. 밤새 살아남은 발자국들은 거대한 먼지 굴 속에서 굴러 나와 먼지를 끌고 달렸다. 황야에 들어갈수록 긴 꼬리가 생기고 몸이 팽창했다. 달궈진 시간만 소멸하면서 생성되었다. 나는 내가 인간도 짐승도 아니라는 것 말고는, 내가 없는 곳에서 내가 무수히 태어난다는 것 말고는, 무엇이 소멸 속에서 생성되고 있는지 알 수 없었다.

 지평선은 둥글고 향긋해도
 그 중심은 깊고 황막한 곳

 다시 황야로 들어간다면 모래폭풍 넘어 타마리스크 나무 아래 서 있고 싶다.

 * 버드나무의 일종으로 사막이 시작되고 끝나는 곳에서 자란다.

황야에서 1

어디서 돌풍이 이는가? 밀리는 모래, 밀리는 황야, 해는 조그맣게 높이 떠 있고 햇볕은 확확 달아오른다. 눈이 시리고 뺨이 얼굴이 후끈거린다. 어딜 가도 고비 사람들은 돌과 풀과 짐승이 으르렁대는 황야에서 눈빛 이글거리며 돌아온다. 늑대와 양떼가 키운 황야를 끌고 붉은 먼지 뒤집어쓰고

황야를 끌어오지 않는다면
고비 사람들은 어디에서
하루를 시작할 수 있을까?

고비 끝에서 만난
을지 바트 가족은
인간 사이의 인간을 버리고
산악에서 산악으로 떠돌다가
황야로 들어왔다고 한다.

서로 몸 붙여 누운 밤

늑대 울음소리에
기온이 뚝뚝 떨어진다.
누군가 황야를 끌어당겨
목 깊이 덮어준다.

붉은 흙내가 포근하다.

황야에서 2

 어느 이른 아침 소년을 따라 물 길으러 갔다. 구릉 분지에 깊은 샘이 있었다. 소년이 깡통으로 물을 푸는 사이 짐승들이 흰 구름 밑에 와 있었다. 소년은 물을 퍼 올리는 대로 돌바닥에 쏟아 붓고 쏟아 부었다. 햇빛을 쏟아 부은 것처럼 물거울이 눈부셨다. 열풍 속에 빈 물통으로 돌아왔다.

 오후에 다시 물 길으러 갔다. 짐승들이 좀더 가까이 와 있었다. 소년은 또 물을 퍼 올리는 대로 쏟아 붓고 쏟아 부었다. 돌바닥이 흥건해지면서 흙바람도 잠잠해졌다. 샘 밑바닥에 맑은 물이 비치고 소년의 얼굴이 반짝였다. 소년은 속삭이듯 중얼거리며 물통을 찰랑찰랑 채웠다.

 제 또래와 한 번도 어울려본 적이 없는 소년은 겔에 돌아오자 팔짱을 끼고 둔덕에 앉았다. 그 옆에 나란히 앉으면서 아까 누구한테 무슨 말을 했느냐고 물어보았다. 소년이 싱긋 웃으면서 말했다.

 '짐승들한테요, 물이 움트면 또 온다고요.'

황야에서 3

 황야의 소년은 거칠게 말을 몰았다. 나는 소년의 등에 어린아이처럼 매달렸다. 심장을 울리던 말발굽 소리가 짙푸른 대기 속으로 빨려들고 있었다. 검붉은 산맥이 줄기차게 따라왔다. 말에서 산맥으로 훌쩍 옮겨 타고 황야를 빠져나가고 싶었다.

 천산, 알타이, 파미르, 라카포시

 구름산이냐고 물었는데 소년은 구름! 이라고 했다. 나는 구름산만 생각했고 소년은 생명붙이들과 끝없이 말을 주고받았다. 황야를 사이에 두고 소년이 아득해지다 획 다가왔다. 길 잃은 양은 피 엉겨 붙은 가슴뼈만 남아 있었다. 불쑥 밤이 왔다.

 황야가 울부짖기 시작했다.
 말똥과 야크똥이 타고 있는 동안
 몸통 속에 우글거리던 말들이
 먼지만 남기고 스러져갔다.

황야에서 4

황무지군요. 언제 가을집으로 가죠?
모래폭풍이 지나간 다음에요.
저 양떼를 다 몰고요?
나중에 어린 양과 종자만 남겨야죠.

노인은 뒤처진 양을 가리키며 저렇게 늙은 양은 겨울을 못 넘긴다고 한다. 그 말을 들은 듯이 흑염소가 늙은 양을 몰아붙인다. 늙은 양이 재빨리 무리에 합류한다. 흐름이 잠시 늦춰지다 빨라진다.

날이 저물고 새들 높이 날아가고 수태차 향기에 홀연히 사라지는 흙먼지, 황막한 고요, 그 속에 피어오르는 잊혀진 얼굴 하나하나 감싸는 황야의 빛은 어디서 오는가? 거친 생명붙이들이 지상에 남긴 마지막 숨결이 아니라면?

노인은 울안에 양떼를 몰아넣고 코담배를 피운다. 양을 잡으려는 것일까? 하늘이 무겁게 땅을 누른다. 그는 땅껍질만 남은 몸으로 왔다 갔다 하다 흑염소를 보고 울안으로 들어간다. 흑염소가 앞을 가로막는다. 늙은 양을 끼고 빙빙 돈다. 소리 없이 어둠이 깔린다. 늙은 양은 가만히 서 있다, 머리 위에 가물거리는 별빛 거느리고 온순하게.

황야에서 5

노인이 돌구릉 아래
곳간을 짓는다.
말라 터진 말똥 위에
말똥을 쌓아 올린다.

문득 외벽 하나 생기고
문득 내벽 하나 생기고
윙윙 쉬파리들이 날아든다.

　노인이 자리 비운 사이 나는 벽 틈바귀에 흙을 발랐다. 노인이 돌아와 흙도 웃음도 걷어내며 말한다. 사람 똥은 냄새만 피우지만 말똥은 열기와 냉기를 조절한다고. 사람도 자연에 가까울수록 쓸 데가 많다고. 한참 있다가 쑥스러운 듯 여기선 그렇지요 하고 말을 덧붙인다. 그렇겠네요 하면서 나는 물러선다. 흙먼지가 앞을 가린다. 눈이 쓰리다. 멀리 노인네 막둥이가 양떼를 몰고 돌아온다. 마중 나갈까 하다가 두 팔에 말똥을 담아 다시 노인한테 돌아간다. 노인이 웃으면서 인제 한 가족이 다 되었군요, 지붕 엎고 예서 겨울을 나시지요 하고 농을 건다.

 땅 높아지고
 하늘 푸르러진다.

빗방울 화석

흘러간 발걸음들
흘러간 구름 아래
퇴적층을 이루는 곳

흙내 향기로운 지평선을
두더지는 땅껍질 들쑤셔 넘어가고
해와 달 마주볼 때
줄 걸어 넘어가는 땅거미

열풍 속에 사막을 넘어
물 한 모금 얻으려고
사람 사이로 들어온 이는
길 엉킨 거리에서 쓰러진다

그 불덩이 몸 두드리며
하얗게 날아가는 빗방울, 빗방울

흘러온 물 푸르게 흘러가는 초원에선 빛이 향기를 낸다

초원,

양떼 따라 양떼구름 흘러간 초원에
반짝 쏟아져 나오는 패랭이
잎 뜯긴 구절초, 쑥부쟁이
꽃대만 흔드는 앉은뱅이꽃

둥글게 지평선을 감싸는 향그러운 초록빛,

  모래와 먼지로 뭉쳐진 몸 서늘히 열리는 하늘 밑으로 초원은 금시 어둡게 잦아든다. 발 디딜 틈 없는 마른 풀똥 사이 황홀히 스치는 땅기운, 하늘은 두둥실 올라가고 엉키고 뒤엉키다 문득 사라지는 길, 우린 한동안 갈 길도 잊고 사방으로 달렸다. 달빛에 휘어지는 작은 개울가 하얀 겔 앞에 이르자 야크 다리 밑에서 젊은 아낙이 불쑥 일어선다. 젖을 짜고 있었을까, 바람 바뀌는 대로 굴러가는 말발굽 소리를 뒤쫓고 있었을까,

하룻밤 묵고 싶어 잔잔한 물소리 끝에 서릿발 잡히는 개울가에서 남편을 기다렸다. 초원에서 사라진 별꽃들 총총총 하늘에 되살아나는 여름밤. 들어오세요, 들어오세요, 아낙이 수줍게 손짓을 했지만 털옷에 몸 오그려 넣고 땅 울리는 야성의 소리에 귀기울였다.

다른 양떼 따라간 새끼 양 찾아다니다
자정 넘어 소리 없이 돌아와
별일 아니라고
초원을 향해 바람한테 말하는 남편.

초원을 향해 바람한테 듣고
묵묵히 별빛 이슬로 덮은
말똥 주워와 불 피우고
잠자리마다 꽃무늬 담요에
새 천 깔아주는 만삭의 아낙.

마유주 신내, 양고기 노린내, 노란 가족사진

밤새 초원의 숨결처럼 깜박이는 초롱불,
연필도 종이도 없고
기웃거리는 말 한 마디 비치지 않는 적요(寂寥),
아낙은 잠결에도 한데로 향해 있다.

꿈속에선 별일 없이 새끼 양 달래어 돌아오고 있을까.
동이 터도 남편은 한데에 말 옆에 잠들어 있다. 술 내로 온몸 밀봉한 채 담요 한 장 안 두르고, 허공에 왔다 갔다 하는 독수리 그림자로 간간 햇빛을 가리우고, 이른 아침 초원을 깨우는 야생화와 부드러운 바람결에 몸 녹이면서 어딘지 모르는 곳에서 끊임없이 울려오는 말발굽 소리를 가슴으로 울려 받아 초원에 되돌려 주고, 소리의 주인이 누구인지 어디를 향해 가고 있는지 안다는 듯 웅크렸다 뒤척이다 개울가로 굴러 풀섶에 깃든다.

탁 트인 산간 고원을
풀들 양떼들 다시 흐르고

은은히 산속에서 초원으로 흘러드는 물, 풀뿌리 스치고 새 발자국 찍힌 물, 개구리 잠기고 뱀 건너가는 물, 타르왁이 마시고 목마른 자 엎드려 눈 감고 마시는 물

그늘진 얼굴
땡볕에 그을려 씻고
아낙은 먼 데서 걸어와 물 길어가듯
흙내 가라앉는 개울가에 쪼그려 앉는다,
물 밑바닥에 보글거리는 물방울 섞어
풀빛 몰아 온 물살 한 바가지
뭉클거리는 흰 구름 한 바가지
찰랑 넘치지 않게 물 한 통 길어
겔 가까이 돌무더기에서 빨래하고
남은 물을 멀리 흩뿌린다,

흘러온 물 푸르게 초원 끝까지 흘러가라고
일렁이는 물속에 온갖 생명붙이 비춰 보고
지평선 넘나들다 햇빛 일제히 쏠려가는 그 어디
봄집에서 여름집으로 뒤처져오는 목민을 위해
이름도 목소리도 모르는 강가 원주민을 위해
아낙은 먼 데로 물 길어가듯
개울에서 물 한 통 길어다 찻물 끓이고
굽혀진 몸 환하게 여는 태아의 미소까지
갓 핀 빛살무늬 물소리에 울려 보낸다.

풋풋한 바람 속에
물 흐르는 듯 번져가는 아득한 초원,
물 흐르는 듯 서 있는 만삭의 아낙,

흘러온 물 푸르게 흘러가는 초원에선 빛이 향기를 낸다.

고산 유목민

 흡스굴 호수*에 산그늘이 내려오면 고산 유목민이 그리웠다. 말을 타고 가문비나무숲 속을 달렸다. 물빛과 하늘빛이 푸른 층을 이루는 숲 속의 수심 속에 야생화들이 보랏빛 물방울을 달고 있었다. 물방울 날리는 초원에 잔가지 같은 뿔들이 나타나기 시작했다. 순록들이 앞발이 묶인 채 엎드려 있었다. 델을 걸친 아낙이 작은 막대를 짚고 일어났다.

 그 옛날
 시베리아에서 순록을 따라온 차탕** 족,
 겨울엔 눈 속의 이끼를 찾아
 순록을 타고 옮겨 다니고
 여름엔 모기를 피해
 산중턱 고원을 오르내리는
 고산 유목민 한 가족이
 한 떼의 순록을 끌고
 산 아래로 내려와 있었다.

카메라에 손이 가자 아낙은 오르츠*** 옆에서 원 달러! 하고 소리쳤다. 순록들이 일어나려다 주저앉았다. 오르츠 안에는 나무토막과 양은 냄비와 눅눅한 그늘, 벌어진 천 사이로 아이가 밖을 내다보고 있었다. 아이도 자라면 순록을 끌고 산 밑으로 내려올까? 따라다니지 않고? 바람이 몰아쳐가는 숲 저편에선 순록 뿔****이 잘리고 누군가 생피를 마시고 있었다. 술에 취한 채 주먹으로 입가의 피를 문지르며 큰 소리로 웃었다.

쓰러진 통나무 앞에서
아기 순록들이 쫑긋
귀를 세우고 있었다.

  * 홉스굴은 돌궐어로 '푸른 물을 가진'이라는 뜻. 몽골 북서쪽 해발 1,624미터에 있는 고원호수. 달라인후인 섬 주위의 수심은 238미터이다. 이 호수는 항가이 산지에서 발원하는 셀렝게 강을 거쳐 바이칼 호로 흘러든다.
 ** 투바어로 '차'는 순록을, '탕'은 사람을 가리킨다. 순록을 따라다니는 사람이라는 뜻이다. 몽골의 유목 형태는 크게 산악

형과 평원형으로 나눌 수 있는데 차탕 족은 산악형 유목민이다. 현재 250명 정도가 남아 있다. 순록 뿔을 미리 잘라 팔아 순록들이 생식 능력을 잃자 다른 지역에서 순록을 공급받고 있다. 근친혼에 순록까지 줄어들어 차탕 족이 위기에 처해 있다.

*** 차탕 족의 삼각형 이동주택.
**** 겨울이 오기 전에 뿔이 잘린 순록은 생식 기능을 잃는다.

흐르는 초원

하라호룸으로 가는 길이었습니다. 다리 밑 풀밭에서 나는 잠시 쉬고 있었습니다. 낙타 몇 마리에 가재도구와 보따리를 싣고 목민 한 가족이 개울을 건너오고 있었습니다. 풀을 찾아간다고 하였습니다. 햇볕에 살짝 그을린 아이들 볼웃음이 싱그럽게 바람에 날려왔습니다. 아이들은 양떼에 섞여 떠 있는 듯 걸었습니다.

낙타와 양떼와 목민들 자취를 따라
초원이 줄기를 이루어 흐르고 있었습니다.

흐르는 초원에 노란빛에
나는 가만히 누웠습니다.
풀벌레 같은 무슨 소리들이
쇳덩이 몸을 가볍게 들어올리곤 하였습니다.

아기 순록

길을 버리고
아기 순록을 따라간다.

물 흐르는 소태나무 밑에서
야생 짐승같이 잠들 때
험한 꿈자리를 물가로 바꾸던
숲의 숨결이 스쳐온다.

풀빛이 살랑거린다. 새똥과 열매와 늪지, 벌과 파리
와 나비, 이끼 위에 늪지 위에 나무 위에 고원

바늘잎에 눈 찔리고
가시에 이마 긁히고
피 흘릴수록
사람에 다친 상처
흔적 없이 아문다.

아기 순록이

돌돌돌 지나간 자리에
햇살 한 자락 깔리고
눈 덮인 싹같이
고산이 쏙 올라온다.

바람에 흔들리는
그 산속으로
아기 순록이 잦아든다.

초원길

소나기 사이로
우박이 쏟아진다.
아무 일 없었다는 듯
야생말들이 꼬리를 흔든다.

바퀴 자국 하나 없는 초원, 협곡에서 올라온 오솔길은 초록빛 융단을 가르듯 구릉을 넘어온다. 주르르 흐르다 멈칫 돌아보는 타르왁, 타르왁 형상의 모자를 쓰고 난데없이 나타나는 사냥꾼, 주렁주렁 타르왁을 꿰어 찬 사냥꾼은 티셔츠 둘러쓰고 우박에 쫓기는 내 행색을 보고 먼저 씨익 웃는다. 내 지팡이에 젖은 모자를 슬쩍 걸어놓고 번득이는 눈빛을 굴에 고정시키며 총알같이 말한다. 타르왁은 호기심이 많다는 것, 달아나다 휙 돌아서서 두 발로 선 채 제 형상을 물끄러미 바라본다는 것, 굴속으로 들어가도 다시 한 번 보려고 밖으로 나온다는 것, 그 순간을 놓치면 잡기 어렵다는 것, 사냥꾼의 말이 끝나기도 전에 탕탕탕 총소리가 났다. 굴 입구를 막고 쓰러진 타르왁, 사방으로 뚫린 구멍에선 습기와 풀내가 번져온다. 타르와은 물소리 들리는 작은 둔덕에서 맨 처음 마른 풀 물고 무엇을 보았을까? 쓰러지면서 마지막으로 본 모습은 무엇이었을까? 거대한 제 형상? 녹지 않고 구르는 얼음 덩어리? 오글거리는 새끼들? 그 옆의 나는 거대한 무엇이었을까?

바람 소리 같은 타르와 숨결은 마침내 바람에 불려가고 반질거리는 굴 앞에는 우박이 녹는다.

구릉선을 넘어
풀꽃은 제 빛을 향해 피어나고
야생말은 야생말을 향해 달린다.

초원의 빛

걸어갈수록
되돌아오는 초원길.

풀빛 흘러간 자리엔 구릉이 걸려 있었습니다. 으깨진 무르팍에 풀물 든 아이들이 구릉에서 훌쩍 자랐다 사라지면서 풀꽃들이 쏟아져 나왔습니다. 바람이 온몸을 잔잔히 쓰다듬고 지나갔습니다. 초원에서 길을 잃으면? 무슨 소리가 들린다고 했던가요? 사방에서 말발굽 소리가 울려왔습니다. 조금씩 가까이 들렸습니다. 나도 모르게 손을 흔들었습니다. 말머리를 돌려 멈추는 듯 누군가 다가왔습니다. 광대뼈가 튀어나온 사내였습니다. 해가 저무니 말을 타라는군요. 구릉 너머 양떼들 흐르는 곳에 가을 초입에 겔이 있다고요. 벌써 가을집으로 들어온 이가 있다고요. 그리 함께 가자는군요. 자기도 거기서 잠깐 산 적이 있다고, 초원이 불탈 때 양떼를 구하려다 죽은 아내를 만나고 온다고, 하룻밤 묵고 가겠다는군요. 아내와 처음 만난 곳에서 아내를 다시 처음 만나고 오보*를 돌

아 느릿느릿 돌아오는 그의 말발굽 소리엔 향기로운
미풍이 스치고 있었습니다.

   그의 말잔등에 붙어 있으면
   어둠 속에도 초원은
   훈훈한 기운이 돌았습니다.

야트막한 구릉 넘어 구릉
마을은 보이지 않았고
지평선이 등 뒤로 물러나 있었습니다.

   * 서낭당을 뜻한다.

몽골 일기 1

창가에 수북이 쌓이는 잿빛 흙가루
천장에 새까맣게 붙어 있는 파리떼

꽉 잠근 수도꼭지에서 떨어지는 물소리
그쳤다 다시 우는 옆방 아이
쿵, 쿵, 문 두드리는 소리

벽면에 가득찬 바이칼 호 그림에는
큰 소나무 밑에 작은 바위,
푸른 바람에 일렁이는 푸른 물결에
물소리와 아이 울음소리 섞이고
쿵, 쿵, 문 두드리는 소리

바위에 앉았다 일어섰다 서성이다
불안스레 문을 열고 내다본다
겔촌 아이들이 모여 공놀이를 하고 있다
나는 닫혀 있었구나, 열린 듯이

내게서 군내가 확 풍겨 나온다

몽골 일기 2

햇빛 따갑고
나무 그늘에
찬 기운이 도는 초가을

동향인 레인보우 식당 주인과 고향 이야기를 주고받으면서 그가 운영했다는 석영탄광 폐광 이야기는 차마 하지 못하고 마티리 길가에 흩어진 유리광택 이야기만 빙빙 돌리다가 정오, 2층으로 올라가는 북쪽 대사관 직원과 마주쳤다. 딱딱한 어깨에 아슬아슬 얹혀 있는 단아한 얼굴, 몸은 스쳐가도 눈길은 다시 돌아온다.

한번 만나고 싶은데요.
만나서 무슨 얘기를! 나중에.
막 시작했다는 농장 얘기라도.

평양 갔다 온 뒤 귀향길 막힌
자기 처지를 생각해보라는 듯

식당 주인도 부드럽게 내 등을 민다.
추석이 다가오는 문 밖으로
날마다 핏줄 그리워한 고향 쪽으로

보이지 않는 검은 손이
다시 한 번 뒤에서
우악스럽게 나를 떠다민다.

몽골 일기 3

겔촌 아이들 오기 전에
염소 기웃거리다 가고
모퉁이마다 바람이 분다.

날이 갈수록 주위에
초원과 사막만 남는다.
초원과 사막 사이에
흐려진 말 되살려놓으려다
오늘 우연히 마주친 말들을
슬며시 끼워놓는다.
채소, 춥다, 들판, 깔깔하다.
들판만 남기고 지운다.
사방이 어둑해진다.

어스름 속에서
한 사람이 떠오른다.
보리 바심 끝내고
발길로 막걸리 통 굴리며

귀신 따라온다고 소리치던 아저씨
귀신은 소리 내는 사람만 잡아간다고
타다닥 발소리를 내던 아저씨
정말 무슨 귀신에 잡혀갔는지
전쟁이 끝나도 돌아오지 않던 아저씨

벌컥 문 여는 겔촌 아이들에게
몸속에 아른아른 찍혀 있던
아저씨 발소리를 내면서
기억 속의 아저씨를 내보낸다.
달아났던 겔촌 아이들이
발소리를 흉내 내며 돌아온다.
흘러나오는 불빛들 따스하다.

몽골 일기 4
— 계민석에게

　해무리가 하늘 반쪽을 다 채우고 구름이 비행접시처럼 떠 있는 날, 강의 시간에 맞춰 뒤 한번 돌아보지 않고 바람도 햇빛도 스치지 않고 먼 데 보고 걸어가는 그대, 서울에 살았을 때도 서울에 살지 않았고 울란바토르에 살면서도 울란바토르에 살지 않는

　그대, 길 없이 오르내린 언덕 밑에
　몸 붙일 수 없는 꿈 붙이고
　그대 숨결에 취하다
　그대가 버린 길로 돌아간다.
　흙도 바람도 햇빛도
　핏줄이 되는 곳으로.

몽골 일기 5

우연히 다시 만난 몽골 가족과 바롱 날리흐*로 가는 길, 사방으로 길이 열린다. 환각처럼 검은 호수와 주황빛 호수**가 나타난다. 물 한 방울 튀기지 않고 검은 호수에서 주황빛 호수로 한 사내가 말을 타고 질주해 온다. 바트 알다르네요. 스무 살 처녀 오트게렐이 말을 타고 질풍같이 달려간다. 사막의 열기가 그쪽으로 쏠린다.

짐승들도 덩달아 달린다. 먼지떼가 가라앉지 않는다. 밤늦도록 게렐은 돌아오지 않고 게렐이 보낸 별빛만 총총총 지상 가까이 내려온다. 아이 많이 낳고 물 흐르는 곳으로 가고 싶다 했던가? 별빛 흐를수록 깊어지는 밤하늘.

* 남고비 군청 소재지인 바양 오워에서 52킬로미터 떨어진 곳.
** 신기루 현상.

몽골 일기 6

 봄밤, 바람이 불었다. 개천가에서 K를 만났다. 함께 극장에 갔다. 열 살짜리 꼬마 아이가 비디오를 틀었다. 활극에 야한 장면이 뜨자 아이는 계속 담배를 피웠다. 연기가 자욱했다. K가 밖으로 나가자고 했다. 별똥별이 머리 위에 쏟아지고 있었다. 우리는 아이와 별똥별 사이에 둥둥 떠서 걸었다. 개천가에 이르러 말없이 서 있었다. 얼마나 무거운 말을 누르고 있었는지 혀끝이 얼얼했다. 나는 아이 쪽으로 기울어 있었고 K는 별똥별 쪽으로 기울어 있었을까? 더디 오는 봄밤, 바람이 싸늘했다.

제2부

모퉁이길 잔상

 짐 보퉁이 안고 완행버스에서 누가 내린다. 능선길 타고 조르르 내려가다 산허리를 끼고 돈다. 동네 끝집에 들어서서 담벼락 받친 채 마당 환하게 밝히는 복사꽃 보고 잠시 망설인다. 굴러다니는 신발 하나씩 짝 맞춰 무너진 토방에 올려놓고 꽃잎 흩날리는 곳에서 잠시 미로에 빠진다.
 털북숭이 개가 지나가다 미로 모퉁이에 뒷다리 들어 얼룩지도를 그린다.

분꽃씨

노을 번지는 초저녁
노란 나비떼가 가뿐
가뿐 내려앉고 있었다.

가까이 다가가니
나비떼는 꽃 속으로 사라지고
노란 분꽃만 남아 있었다.
누가 사는지 궁금하여
집 앞에 서 있었다.
짖지 않는 개가
몸을 수색하고 안으로 들어간 뒤
눈주름이 깊은 사내가 나왔다.
서울 변두리에서 불법체류자로 쫓겨 다닐 때
공장 한구석에서 숨어 지내다
말라죽는 꽃에 속이 타
밤마다 물을 주었다고 했다.
한국에서 가져온 것은 그 꽃씨뿐이라고 했다.

꽃씨를 받아가도 괜찮으냐고 물었다.
사내는 몸을 움츠렸다가 고개를 끄덕였다.
눈가에 물기가 어려 있었다.

이듬해 여름 아침
서울 변두리 언덕집에 분꽃이 피었다.
몽골에서 가져온 것은 그 꽃씨뿐인데
흰 날개와 노란 날개를 나풀거리며
나비떼가 가뿐가뿐 내려앉고 있었다.

합대나뭇골

사흘 내내 퍼붓는 눈,
지붕이 내려앉았다.
무엇이 지나갔는지
눈 덮인 밭고랑이 콕, 콕, 콕, 찍혀 있다.
돌아나간 흔적이 없다.

돌아나간 짐승같이 산등을 넘었다.

정혜사 마당가를 맴도는,
날리는 눈 뒤덮는 연기 자락
요사체 문 열어 젖히고
눈물 범벅인 노스님이
밖을 내다보고 있다.

허공에 눈 쌓이기 시작하고
발자국들이 돌아서고 있다.
(얼굴도 뒷모습도 지워진 채 돌아가는 자
그대는 나의 누구인가

노스님 비켜가지 못하고
사라지는 그대를 따라
나는 다만 끌려간다
눈발을 잡고 매달려도
눈발째 끌려간다)

눈보라만 점점 고요해진다.

흰 진달래꽃

얼음 풀리고
뜨내기 발길 끊기고

획 스쳐갔던 새
가만가만 되돌아온다
가시 덩굴 아래
물길 내려보고 지저귄다

동네 등지고
가는 물줄기 휘감아 올라오다
비탈에 비스듬히 누워
새 소리 위로 두둥실 떠오르는 그대

골이 깊으냐고 묻는 그대 목소리에
개 짖는 소리
노란 구름 한 점 딸려 나온다

그 구름 흐르는 길에
노릇노릇 피는 흰 진달래꽃

첫 목도리

바람 부냐?
아뇨.
누가 왔다갔냐?
아아뇨.

머리맡 물그릇에 얼음 잡히는 밤, 아랫동네에는 객지로 나간 아이들 다 돌아온다고 살쾡이 보고 오소리 너구리 보고 혼잣말을 하시는 할머니. 할머니는 눈이 가매지도록 벽에 기대어 뜨개질만 하신다. 눈 맑히는 눈 왔다가고 귀 트이는 눈 왔다가고 조금씩 눈발이 굵어진다.

품속에 숨긴 털목도리
아시는 듯
불빛 등진 채
홑이불로 어깨 감싸고
뜨개질하시는 할머니
천장에 기어드는 별빛 보고

천지사방으로 돌아눕다
납작한 몸
벽에 붙이고 주무신다.
내린 눈 쌓이지 않고
소리 내며 날아다닌다.

  할머니 잠든 사이 눈 다시 내리고 나는 삼거리로 내려간다. 물푸레숲 속에서 주운 털목도리, 나무하러 갈 때 몰래 쓰고 품에 넣고 다닌 목도리, 사람 소리만 스쳐도 목줄기 지지는 목도리, 그 지글거리는 목도릴 나무 등걸에 얹어놓고 얼음장 밑으로 흐르는 찬물소리 가슴으로 받으며 움막으로 올라온다. 검은 발자국에 흰 발자국 쌓인다.

휘잉휘잉 눈보라 속에 눈기둥 돌아다니고
흰 발자국에 검정 무늬 찍혀 나오는 새벽
나는 예와 아아뇨 사이를
오르락내리락한다.

바람 부냐?
예.
누가 왔다갔냐?
예.
목도리 땜에 형제끼리 싸움질하던 그 도벌꾼이냐?
예에.

흩어진 피붙이들 허공에 이어 붙이고
내 품속의 목도리 얘기
물푸레숲 물길 밑으로
동네 소문 밑으로 가라앉히고
할머니는 잠결에도 꿈속을 비우신다.

처마에 시래기 쓸릴 때마다
가슴으로 목줄기로 후욱 불길이 스친다.

천마의 시

　약초를 캐러 오던 이가 있었다. 그는 마른 천마 서너 뿌리 내놓고 아무 집에서나 밀린 잠을 잤다. 아무리 깨워도 잠꼬대로 대꾸하며 일어나지도 먹지도 않았다. 할머니는 마음이 허한 데다 뱃속에 헛소문만 넣고 다녀 저 모양이라고 역정을 내시다가 아랫목에 밥 한 그릇 묻어놓고 슬며시 밭에 나가셨다. 돌아오면 잘 갠 담요 옆에 밥그릇 비어 있었고 뒤꼍에 나무 한 짐 부려 있었다.

　그는 백복령 적복령 얘기만 하면서 산동네엔 천마 캐러 다닌다고 소문을 냈다. 일거리 떨어지고 이웃들 눈빛 험해지면 옆동네 풍 맞은 홀아비 살림까지 거들어주다 산속으로 들어가 천마 꽃대와 함께 사라졌다. 겨울 지나 숲 속에 그늘 잡히고 싹 돋아나기 시작할 때 물골 타고 올라와 언제나 꾸중하시는 할머닐 어머니잉 하고 불렀다.

　천마 드물어지자

길 넓혀진 물골에서는
어머니잉 하는 바람 소리만 울려왔다.

벌하고 꽃한테만 일 시키지 말고

 울안에 마지막 남은 흰 진달래를 누가 가져갔습니다. 수소문 끝에 알고 보니 호수 건너 젊은 선생님이더군요. 꽃나무 한 뿌리 얻어가려고 했는데 아무도 없어 가져갔다는군요. 아버지는 꽃나무를 찾으러 가셨다가 빈손으로 돌아오셨습니다. 선생님이 집에 있는 바람에 그냥 오셨다는군요. 민망하지 않게 아무도 없을 때 가져오시려고요.

 할머니는 땀 흘려 거둔 것이 아니고 산에서 가져온 것이니 눈앞에 두고 보는 사람이 임자라 하시는군요. 마티 고랑을 다 뒤져 겨우 그 한 뿌리 캐온 줄 아시면서 아버지 편을 들지 않으시는군요. 꽃보다 곡식과 사람을 생각하라고 하시는군요.

 그 일이 있은 뒤
 꽃밭은 채소밭으로 바뀌었습니다.
 무 오이 고추 감자 꽃이
 햇빛을 놓치지 않고
 열심히 꽃을 피웠습니다.

벌 나비가 몰려들었습니다.

할머닌 빈 벌통에 벌이 들었다고
벌하고 꽃한테만 일 시키지 말고
골도 파고 물도 줘야지 하시는군요.

국경

남양에서 석탄을 가득 싣고
고물 트럭이 건너온다.
검문소 앞에 이르러
아낙을 내려놓는다.

아낙은 다리 끝에 엉거주춤 서서 허리춤 한번 추켜올린다. 흰 옷에 흰 구두, 검문도 받지 않고 총총총 인파 속에 묻힌다. 치맛자락에 끌려오던 강바람이 미루나뭇잎을 흔들다 잠잠해진다. 초병 사이에 빈 다리만 남는다.

검문소에서 나오는 초로의 운전수, 옆얼굴이 갱에서 막 실려 나온 흑탄 덩어리 같다. 종이쪽지를 안주머니에 쑤셔 넣으며 갈 길을 향해 슬쩍 웃는다. 거기 남쪽 눈에는 보이지 않는 온화한 미소가 스쳐가고 있었을까. 날볕도 트럭도 아낙이 간 길로 사라진다.

강둑 나무 아래는 노인들이 둘러앉아 한 마을을 이

루고 있다. 일제 때 남쪽 벽지에서 온 노인들은 뿔뿔이 흩어진 혈육들 이야기를 하며 눈물을 글썽인다. 두만강이 귀 기울이다 갈 수 없는 노인들의 옛 고향을 휘돌아 흘러간다.

  눈 녹이고 얼음 풀고
  쉬지 않고 휘휘 돌아
  강물은 우릴 가로지른다.
  바다로 가지 말고
  오도백하로 토문강으로 가라고
  흙더미와 돌무더기*를 되찾으라고

  * 1712년 백두산정계비 이후의 조·청의 국경.

천지에서 부르는 노래

달문*에 눈 녹고
돌 구르는 소리
협곡을 가르네.
바람이 천지를 돌아 나와
만주벌 노인을 흔드네.

노인이 벌을 안고 물가로 내려가네.
내려가면서 점점 작아지네.
돌연 한 소년이
물속에 손 담그다가
가만히 앉아 있네.
물빛 환하게
바이칼 소년이 떠오르네.
서로 마주보는 순간
해도 구름도 바이칼로 흐르네.

천지 소년이 바이칼 소년에게
혼으로 노래하는지

영산 순례자들 잔잔히 물살을 듣고 있네.
햇빛 일렁일 때마다 천지를 울리네.
눈보라 스친 눈빛들 푸르러지네.

* 백두산 천지에서 흘러나오는 물길 입구.

압록강

전신주 박혀 있던 태왕릉*
호석** 흩어지고 봉분 파이고

뺑대쑥이 흔들린다. 능 너머로 도굴된 능 너머로 조선족들 밀려간다. 장정들 큰 도시로 떠나가고 통거우 평원 빈자리에 옥수수들 웃자란다. 바람받이 길목에 햇볕만 지글거린다. 평상에 앉아 있던 노인들 장기판 들고 나무 아래로 들어간다. 졸 가고 말 가던 땅에 판 바뀌어 동네 혼령들 드나든다. 독립군이 혼강으로 통화현으로 무기 나르던 시절 혼령들이 길을 안내했단다. 훈수 두던 아낙 슬며시 울안으로 들어가고 어디선가 덜그덕 장독 뚜껑 여닫는 소리, 봉숭아 물들인 소녀들 옥수숫대에 붙어 서서 살랑거린다. 고개 내밀다 눈만 웃는다. 지붕 위로 박넝쿨 호박넝쿨 올라가고 굴렁쇠 굴리고 간 아이들 갈 곳 잃고 녹슨 굴렁쇠에 녹슨 길 감아 돌아온다. 여산인지 용산인지 뻐꾸기 운다. 먼먼 울음소리에 흐른 강물 따라와 흐른다.

한밤에 가족 이끌고
옛 땅 숨어들었다가
전답 붙일 새 없이
쫓기고 굶주렸던 농민들

지지난 밤 빗속에
강을 건너온 탈북자들은?

뻐꾸기 울음 그쳐도
강물이 흐른다.
흐른 강물 다 거느리고
압록강이 흐른다.

* 태왕릉은 광개토왕릉이라고도 하고 광개토왕의 아버지인 고국원왕릉이라고도 한다. 태왕릉 출토 전돌 명문엔 다음과 같은 글이 보인다. "願太王陵 安如山 固如岳(바라건대 태왕릉이 산악처럼 안정되고 견고하기를)."
** 무덤을 수호하는 둘레돌.

애기괭이눈*에게

고사목 위에는
가늘게 우는 새소리.

산 밑에서 올라온 풀꽃들은
땅바닥에 바짝 붙어 있고
굴러온 돌들은
발길만 스쳐도 구르는군요.

그 옆에서 흔들거리는 나를
애기괭이눈이 지켜보고 있었군요.
벌 나비 끌어들인 노란 잎들을
초록빛으로 되돌리면서
풀숲에 숨어
숨죽이고 보고 있었군요.
내가 보기에도
내가 걱정이 되는군요.

수목한계선에 툭 튀어나온

자작나무에 기대어 있다가
고원에서 돌풍 몰아쳐오면
갈 데 없는 몸
그편에 딸려 보내겠습니다.

가을이 문득 깊어지기 전까지는요.

* 여러해살이 풀. 4, 5월에 꽃이 피고 7, 8월에 열매가 익는다. 꽃이 마치 아기 고양이 눈을 닮았다고 해서 붙여진 이름이다.

두만강 첫 다리를 스치며

밥 짓는 연기 속에
된장 냄새 묻어오는
두만강 첫 다리*
나지막한 강둑에 멍석 깔고 앉아
물소리에 귀 기울이는 그대와
두만강 발원지** 찾아
적봉 기슭으로 석을수로
물 거슬러 거슬러 오르다
신무수 마른내 그 어디쯤에서
그대와 합수하여
한 줄기로 흐를 수 있다면
아무 풀뿌리에 스며들어
벼랑에 보랏빛 꽃봉오리 하나
슬며시 밀어 올릴 수 있다면
꽃잎 흩날린 뒤에도
나는 그대에게서 오고
그대는 내게서 오리,
잘 있거라, 오래오래

가슴을 흔드는 그대여.

 * 두만강 조·중 국경에는 7개 무역통상구가 있는데 두만강 첫
   다리엔 북한 양강도 삼장 해관과 중국 고성리 해관이 마주하고
   있다.
** 중국 쪽에서는 두만강 발원지가 적봉(홍토산) 기슭 옹달샘이라
   고 한다.

두만강

일본해 밀어 내려고
동쪽으로 흐르던 강물이
잠시 숨 돌리는 곳

훈춘시 경신진 권하촌

안중근 의사가 한동안 머물렀던
성수산 끝자락 낮은 둔덕엔
묵은 밭과 오솔길

아궁이와 수도 펌프와 거실이
한자리에 붙어 있는
낡은 초가집 하나

 울안에 들어서자 끝없는 황야, 바람이 분다. 억새가 흔들린다. 의사는 여기서 경흥 일대의 일본군 수비대를 기습했을까? 만국공법으로 의병들을 설득하고 만국공법으로 포로들을 풀어주었을까? 총까지 돌려준 채?
 아니면 거사 앞두고 아들 분도와 연추하리 사이를 드나들다 잠 못 이루었을까? 태극기 펼쳐놓고 왼손 무명지 잘라 '대한독립'을 쓰고 만세를 부르던 비밀결사여

 권하 해관을 빠져나오면서
 노을에 물든 강물이 깃발처럼 흔들린다.

흑풍 속으로

흑풍구*에 가까울수록
까마귀 울음 속에
그리운 목소리들 불려나오는군요.
음, 음, 음정 조절하다
끝내 노래하지 못하던 아이,
신단수가 나무 이름이라고
더듬거리며 말하던 아이,

눈길만 푸르던 그 아이들
신시를 품은 채
고향 뒷산 소나무 아래 잠들어 있고

흑풍은 고래등 능선을 넘어가는군요.
흑풍 속으로 들어가야
화산재와 흙먼지 속에
천지의 눈 트이고
만주벌이 보이나요.
천지 사방으로 번져가던 길을

우리가 막고 막으면서 올라왔나요.

흑풍 속으로 들어갈수록
만주벌이 가까이 보이는군요.
독립군을 사랑하여
백포**가 자결한 곳, 당벽
독립군을 사랑하여
백야***가 암살당한 곳, 산시

흑하, 홍개호
외롭고 괴로운 북만주,
가슴속이 타들어가는군요.
푸른빛 검게 그을리다 아물거리는군요.

  * 천문봉으로 오르는 고래등 능선 상에 있다. 이곳의 바람은 몸
    이 날아갈 정도로 거센데 바람 속에 화산재가 섞여 있어 흑풍
    이라 한다.
 ** 서일 장군(본명 서기학, 1881~1921)의 호. 그는 만주 최초
    의 항일독립운동단체인 중광단을 조직하였고 북로군정서의
    총재를 맡아 항일 무장투쟁을 벌였다. 1920년 청산리 전투(당

시 총사령관은 김좌진)를 승리로 이끌었지만 그 이듬해 8월 26일 독립군들이 토비한테 희생당하자 책임감을 느끼고 당벽진 작은 마을 뒷산에서 자결했다.

*** 김좌진 장군의 호. 1930년 1월 24일 산시진 자가정미소에서 박상실(고려공산당청년회 및 재중한총동맹원)에 의해 암살당했다.

자작나무

돌덩이들 은은해지는 폭설 속에서
자작나무를 흔드는 바람과
눈사진 몇 장 찍고 우리는
자작나무 주위를 빙빙 돌았습니다
발자국 흐른 길에 눈꽃 피었다 지고
흔들린 품속엔 손때 묻은
가슴 한 장만 남았습니다

하얀 자작나무 껍질 같은

백두산 천지 1

검은 바위산에서 돌들 굴러 내리고
검은 바위산 사이에서 폭포가 쏟아진다

 물살에 손을 얹으니 물줄기만 비치던 폭포에서 솔바람 쏠리는 소리가 울려온다. 솔바람 소리는 손을 타고 몸속으로 들어와 온몸을 쓸다가 쏴아쏴아 이마로 피로 몰린다. 방앗간 창고로 사람들 붙들려가고 문 닫히고, 불, 불, 외마디소리. 그날 우리는 담을 넘어 얼마나 오래오래 운동장을 달려갔던가. 솔숲에서 교실 마루 밑으로 기어들어가 먼지 쌓인 곳에서 숨 가라앉히며 무엇을 기다리고 있었던가. 그때 거기 팔꿈치에 걸리던 낡은 지리부도에서 마주친 함흥, 회령, 장백폭포, 폭포를 놓고 우리 것인지 아닌지 서로 다투던 피난민 아이와 창식이 형. 그해를 못 넘긴 그들은 천지 어디서 다시 만나고 있을까.

솔잎 하나 보이지 않아도
솔바람 소리 그치지 않고

푸드득 날아오르려다
달문에 주저앉는 새 두 마리

눈안개에 잠겨가는 봉우리마다
영산이 깃드는 동안
장백산에서 백두산으로 옮겨 앉다가
새 문득 사라진다.
솔바람 소리도 통천하에 씻겨 내려간다.

천지는 눈, 눈, 얼음

장군봉에 햇빛 들락말락 하고
굽이쳐오던 금강산, 지리산이
눈보라 속에 묻힌다.
나도 묻힌다.

천지를 향해 올라오는 눈길만 눈부시다.

백두산 천지 2

햇볕 쏟아지는 천지 넘어
벼 한계선을 밀어 올리며
지평선을 넘어간 주인은 어디로 가고
만주벌에 말발굽 소리만 울려온다.

남북이 분단만 키우는 동안
오녀산성은 안개에 싸이고
아파트 경계가 된 국내성,
기단이 뒤틀리는 장군총,

'고구려가 중국 동북 소수 민족이자
지방정권 중 하나'*라고?

광개토왕비 우뚝 서 있어도
만주벌은 지명마저 사라지고
벌등도 위화도 우적도 황금평
압록강 작은 하중도에
종자처럼 남아 있는 밭뙈기들

북녘 땅엔 회칠 벗겨진 집 몇 채
산비탈로 올라가는 다락밭이
백두고원까지 따라온다.
천지를 덮는다.

천지에 고랑고랑 물결이 인다.
하얗게 감자꽃이 피고 진다.

* 집안시 박물관 입구 안내판 머리글 일부.

향로봉에서 그대에게 2

향로봉에서 내려가는 길
흰 새 한 마리 고요히
이깔나무 위에 앉아 있다.

산병호엔 초병 교대 시간, 능선 따라 잡나무 내려오고 솔숲에 머물러 있는 오솔길, 강 건너에서 무엇이 움직인다. 오솔길로 들어서자 헛디딘 발자국들 갈대밭에서 빠져나온다, 따라온다, 멈칫거린다, (발에 채는 하얀 가슴뼈, 모래 구덩이에서 누가 옮겨놨을까), 허리에 감기는 칡덩굴 밑으로 밑으로 돌 구르고 인계철선이 흔들린다, 가까울수록 아득해지는 산병호, (내가 살아 있다니! 눈앞을 획, 획 스친 것들은 무엇이었을까)
　생의 감각을 넘어서면 바람도 제자리로 돌아가는가, 고독도 죽음도 제자리로, 우주 어디로?

천천히 내리막길을 오르내리며
내 깊은 곳을 다시 들여다보다

새 울음소리에
길을 멈춘다.

바람이 분다, 바람이 분다
새는 이깔나무 위에 앉아 있었을까

어둠 속에 향로봉이 잠겨간다.

새, 바람, 무슨 생각

우리 옆에 붙어가던
새, 바람, 무슨 생각
한계령 가까워지자
서로 뒤바뀌어 영 넘나들고
함께 걸어 오른 길
수직으로 세워지면서
그대는 길 위에
나는 그 밑에 마주 선다
내가 걸으면 그대는 벼랑을 보고
내가 침묵하면 그대는 숨을 고른다
다시 그대와 나 한 몸 되게
점점이 피목(皮目)을 이루는
새, 바람, 무슨 생각
그 사이사이 투명막에
부드러운 찬 기운 서리고
무슨 생각에 초점이 잡히는 듯
부옇게 떠오르는 얼음얼음얼음
폭포를 향해 우르르 쏟아져 내린다

나도 그대도 모르는 한 사람
빙폭을 스쳐가고 있다

벼랑 능선

억새꽃들이 첫빛을 은빛으로 돌리려고 따가운 햇빛을 기다리는군요. 풍혈 속에서 기어 나와 우리도 속속들이 냉기를 말리고 고원에 얼굴을 내밀어 볼까요. 나긋나긋 바람에 흔들리는 설앵초, 어디서나 새색시 찾는 개족두리, 엉겅퀴, 솔나리, 눈물 붙인 을식이, 개마고원 평식이. 우리가 잊고 있었던 이름들을 더듬어 고원에 이르면 응혈(凝血) 풀려 연자줏빛을 띨 순 있겠지요. 충혈된 눈 가라앉혀 눈빛이라도 부드러워지겠지요. 그 눈빛으로 산오이풀을 산오이풀, 산늪을 산늪으로 볼 수 있다면 행적 없는 우리 삶 깊은 곳에 짓밟힌 은빛 한 가닥 스쳐볼 순 있겠지요.

자, 가봅시다
벼랑 위에서
벼랑 위에로
능선길 트면서

곰배령 넘어
── 무슨 꽃 1

급류 쏠리는 길가
속새에 물방울에
숨은 눈빛 황홀히 받아
풀섶 반짝이며 흐르던 꽃
희미하게 갈라진 길 앞에서
그대 한눈팔다 들어간 길
한참 되돌려 나올 때
그대의 숨은 눈빛 끌어내어
빛만 남기고 사라지던 꽃
마타리, 어수리, 궁궁이
그 뒤쪽 어딘가
자취 없이 흔들리던 꽃

그 꽃에 홀려 나는
곰배령 넘어 그대에게 간다

알스트로메리아*
— 무슨 꽃 2

　바람 그치지 않고 그날이 그날인 날, 우린 무슨 꽃을 사이에 두고 그냥 서 있었습니다. 길은 꽃대를 감아 올라 저 혼자 하얗게 피어 있다 떨어지고 함께 있으면 별 뜨던 언덕들 어느새 높아질 대로 높아져 고개로 걸려 있었습니다. 우릴 사이에 두고
　무슨 꽃
　봉오리째 이울고 얼음 얼고

　바람 그치지 않고 다시 봄 오고
　무슨 꽃
　우리 생각 더듬어 움트는군요, 빗방울 잎 기울여 알스트로메리아를 향해 뻗어 오르는군요, 다가갈수록 산빛으로 바뀌는 머나먼 향기, 나는 가만히 서 있어도 안데스 산맥 구름 밑을 떠돕니다. 그대는 잉카인 심장 같은 꽃 뿌리에 뿌리를 대고 본향 가까이 살아왔군요,

　우릴 사이에 두고

무슨 꽃 번져가고

우리 중 누구든
본향에서 멀어지고 아득해지면
불쑥 피어나는 꽃, 알스트로메리아

* 안데스 산맥에서 자라는 꽃. 진달래나 철쭉과 비슷한 꽃으로 잉카의 꽃이라고 한다.

박새 가족과 봄노래를

화전민들이 마을로 쫓겨오자 이웃 박새 가족도 따라 내려왔다. 밭둑 아래 구멍 속을 들락날락했다. 고목이 살아날 것을 어떻게 알았는지 박새는 고목에 먼저 둥지를 틀었다. 고목의 잔가지엔 녹빛이 돌고 도르르 말린 잎들이 돋아 나왔다.

아이들은 산속에서 삭정이 지고 오고
박새는 물가에서 갈댓잎을 물어왔다.
우연히 물가에서 마주치면
흰 나비타이 잘 어울리는
박새 가족과 봄노래를 불렀다.
아직 가다듬지 않은 목청이었지만
눈 녹은 자리에 불긋불긋
진달래 꽃봉오리가 올라왔다.

군락(群落)

북암령
눈 녹이는 한계령 풀

4월에 꽃 활짝 피우고
6월에 씨 익히고
지상에서 스러지는
한계령 풀 덩이뿌리 같은
중환자실 노란빛 속에서
북암령 쪽으로
나도 군락을 이룬다

나와 나 사이
아직 바람이 불고 있다

가을이 오면

가을이 오면
소승폭포, 바람불이, 물돌이동
한곳으로 나란히 붙여
그곳에 숨구멍 내고
물방울로 숨 쉬리
그냥 스쳐가는 이
얼굴 마주쳐 보고
아무 길이나 물으면서
아무 길이나 함께 서 있으리
눈에 가슴에 묻힌 이야기 들추어
하, 참, 세상에, 그렇지요
맞장구치는 소리 울려 들으리
햇빛은 햇빛대로 쓸리고
겹그림자 나누어질 때
그곳에 온 가을을 멀리 돌아
내게로 돌아오리, 있을지도 모를 내게로

세 잎 양지꽃

치성 드리는 아낙들
산신각에 남겨 두고
여우비에 홀린 산판길은
박달령에서 도래기재로 돌아간다.

 생각나는 대로 생각하지 말자 다짐하고 옥석산 능선길에 오른다. 우리 깊은 곳에 자리 잡은 십승지 의풍은 덤프트럭이 꼬리 물고 의병 격전지 남대리는 꽃 피는 음나무 밑에 들어앉는다.
 지난 일 아물려도 자꾸 처지는 지름길, 원추리 동자꽃 눈총 받으며 오르락내리락하다 우리는 잠시 마루금 벗어나 초원길로 들어선다. 구름 지나고 밝은 향기 온몸에 퍼진다. 초원에선 누구나 세 잎 양지꽃? 풀빛에 누워 딴 데 보고 딴꿈 꾸다 꽃 이름 버리고 슬쩍 초원 한 자락 감고 나오면 어느새 옥석봉.

 아낙들의 간절한 등이
다시 솟아오른다. 구룡산 태백산 위로

# 지리산 1

아이들이 달려간다.

길이 올라온다.

데미샘에서 망덕포구로 떨어지던 섬진강이 소리 내어 흐른다. 모래더미에 풀꽃 피어나고 버드나무 옆에 흑염소 옆에 호박덩굴이 뻗어간다. 이슬 헤치며 호박잎과 애호박을 따다 끌려가던 아저씨도 보인다. 눈 부라리던 어린 인민군은 남하하다 어찌 되었을까? 살아 있다면 인민재판은 잊어버리고 그 집 아이들과 피라미를 몰던 맑은 냇물만 기억하고 있을까?

아이들은 푸르게 달리고
피라미떼는 물 밑바닥에서
은비늘 반짝이고

여뀌 풀에 기대어 둥둥 떠다니는 물거품, 하얀 재,*
불쑥 빗점골이 다가온다. 하늘이 점점 줄어든다. 나

도 보였다 보이지 않는다. 합수내 흐른바위에 이르자
새가 운다. 물이 물을 흔들다 흰 구름을 울린다.

　그해 방위군 열한 명이 포승줄에 끌려갔다. 아저씨
는 물 건너는 순간 달아났다가 금시 잡혀왔다. 산으
로 질질 끌려간 뒤 해가 떠올랐다. 타다탕. 그 이듬
해 빨치산 열한 명이 학교 앞에 가마때기에 덮여 있
었다. 땟물이 흐르는 발목만 삐죽 나와 있었다. 누가
말했다던가? 나 죽으면 지리산에 묻어줘. 공동묘지
에 버리지 말고.

　한 번도 세어본 적이 없는데
　죽은 사람은 정말 열한 명이었을까?
　작은 삼촌과 큰 삼촌이 다투면서
　나 몰래 기억 속에 넣어둔 숫자일까?
　혼을 빼앗기면 짐승처럼 끌려가
　짐승처럼 죽는다고?

총알같이 날아갔던 새
다시 합수내 흐른바위에 앉아 운다.

* 이현상은 1953년 9월 17일 빗점골 합수내 흐른바위에서 사망한 뒤 서울교도소로 옮겨졌다가 10월 18일 화개장터 앞 섬진강변에서 화장되었다. 그의 뼈는 당시 서전사 2연대 연대장이었던 차일혁이 철모에 넣고 M1 소총으로 빻아 섬진강 물에 뿌렸다고 한다. 그때 독경하신 스님은 누구였을까?

지리산 2

1

분계선을 처음 넘었을 때
포대경 속의 여인들이
북방한계선 근처까지 내려와
물장난 치며 빨래하는 모습에
얼마나 당혹했던가.

지령으로 숨쉬고
지령으로 꿈꾸던 이도
식량 구하러 마을로 내려가다
애 업고 땡볕에서 일하는 노인과
젖 달라고 보채는 애 울음소리에
길 멈추었으리.
발바닥으로 내려간 가슴 되살아나
더 걸을 수 없었으리.

빗점골 너럭바위에 올라서서

세상을 암호 몇 개로 줄이고
흐르는 물에 발자국 흘려보내고
나무 사이로 나무를 따라
길 없는 길로 들어섰으리.
그 길이 최후의 길인 줄 모르고
지형지물 사이로 사라졌으리.

   2

  어느새 산비탈과 휜 나무가 지형지물로 바뀌어간다. 시간이 흘렀어도 돌 구르는 소리 심장을 울린다. 물소리 끊어지는 곳에 잡목숲 풀리고 돌무덤 같은 큰 바위들이 산기운을 에워싼다.

  (마지막 회의 끝내고
  바위에 둘러싸여
  바위와 싸운 이현상)

그의 아지트에는 바위마다 탄흔, 탄흔, 썩은 가랑잎에 탄알처럼 토끼똥이 흩어져 있다. 바위틈을 빠져나오니 몸이 가라앉는다. 칡꽃이 핀다. 자줏빛이 사방으로 번져간다.

자줏빛에 인기척이 들어 있는가.
빗점골 흐른바위로
길 더듬어 누가 올라오는가.
나무 사이사이
날 선 능선들 부드러워지고
백두대간 두근거린다.

산늪을 품고

올라온 길 달라도
산꾼들은 금시 일행이 되어
덕유산으로 흘러간다.

지리산이 감춘 마루금 한 줄을 찾아
나는 왕등재로 흘러왔다.
오랜 방황 끝에 내 발길은 주춤주춤
늪을 한 바퀴 돌아 나온다.
바람이 잔잔해진다.
대원사 쪽에서 흘러온 구름이
수면에 하얀 속살을 드러낸다.
움트는 천지 빛 하늘,
애기부들로 세모부추로
실고추잠자리가 흘러 다닌다.

늪에서 태어나
늪으로 돌아가는 생명들처럼
대간에서 대간으로 고요히 흐르고 싶다.

사이 1

동네에 동갑내기 일꾼이 들어왔다.

북쪽에서 온 그녀는 빛을 좋아한다. 언제나 빛 드는 길모퉁이에서 비질을 한다. 흙먼지 속에서 들판을 바라보다가 꽃사과 떨어지고 행인들 걸음 늦춰지면 흠칫 뒤돌아본다. 고향에 두고 온 사람이 있는 듯 망연히 북쪽 하늘을 본다. 경흥도 좋지요? 하면 좋지요 하면서 한숨을 쉰다. 딸아이 시집도 보냈고 이젠 정붙일 만한데 웬 한숨이냐고 물으면 글쎄요 하면서 다시 한 번 뒤돌아보고 말끝을 흐린다.

몸 붙일 데 있어야 정도 붙이지요. 여기선 조선족은 조선족끼리, 북쪽 사람은 북쪽 사람끼리 살아요. 남쪽 사람은 남쪽 사람끼리 살고

사위도 북쪽 청년이겠네요.
명줄이 질긴 것인데
우리도 살아야지요.

그녀는 나를 흘끔 보고 어디 사느냐고 묻는다. 들판 쪽이라고 하니 좋은 곳에 사는군요 하면서 자리를 뜬다. 북쪽보다 남쪽보다 좋은 곳? 해가 중천에 와 있다.

사이 2

  그녀의 고향은
경흥이 아니라 함흥
동갑내기가 아니라
두어 살 아래

그러나 무슨 상관이랴!
정들이면 누구나 한통속이 되는 것!

  오늘 밤도 나는 그녀와 국경을 다시 넘는다. 중국에서 험하게 살다 아랫도리가 헤진 채 남쪽에 내려온 딸 이야기를 아프게 들으면서, 딸이 준 돈으로 국경 수비대의 안내로 가슴까지 차오르는 두만강을 유유히 건너면서, 잊으시라, 잊으시라, 같은 말만 되풀이한다.
  그녀는 아들 둘을 두고 내려왔다. 금시 따라올 줄 알았는데 어느새 5년, 북쪽에서는 아무 기별이 없다. 딸은 애를 못 가져 이혼 당했고 밤마다 악몽에 시달리고 그녀는 하루해를 북쪽으로 넘기는 게 두렵다.

그녀의 꿈은 어디서든 다시 가족이 한 지붕 밑에 모여 사는 것,

    저녁상에 둘러앉아
    함께 들판을 보고
    함께 들판을 이야기하고

|해설|

은빛 푸른 영혼

황광수

　신대철의 삶의 내력과 시적 여정은 쉽사리 겹쳐지지 않는다. 군대 체험이 짙게 배어 있는 시들은 그의 첫 시집 『무인도를 위하여』가 나온 지 23년이나 지난 다음 우리 앞에 모습을 드러냈고, 그 후 6년 동안에 출간된 두 권[1]의 시집 여기저기, 그리고 이번 시집 『바이칼 키스』에서도 어슴푸레하지만 폭넓게 그 모습을 드러내고 있기 때문이다. 첫 시집에도 그때의 체험이 내밀하게 응축되어 있는 시들이 상당수 실려 있지만, 시집 출간이 유보된 23년간은 "체험적 진실과 창조적 진실"[2] 사이의 극복되지 못한 갈등 속에서 사회적으로 소통되기 어려운 시들

---

[1] 『개마고원에서 온 친구에게』(문학과지성사, 2000) ; 『누구인지 몰라도 그대를 사랑한다』(창비, 2005).
[2] 신대철, 「시인의 말」, 『누구인지 몰라도 그대를 사랑한다』, p. 156.

이 씌어진 기간이었을 것이다. 그러니까 그의 삶과 시적 여정의 불일치는 표면적인 것이지만, 시들이 발표된 시점들과 체험의 시간이 동떨어져 있는 경우가 많은 것은 사실이다. 그렇지만 이러한 사실은 이제 그다지 중요해 보이지 않는다. 시집 『바이칼 키스』에는 어린 시절부터 지금에 이르기까지 그가 겪었던 모든 것들이 자재롭게 중첩되거나 펼쳐지면서 더욱 넓고 깊어진 시적 지평을 열어가고 있으니 말이다.

신대철의 시세계를 더듬어가다 보면, 그의 족적으로 이루어진 거대한 지도가 그려진다. 이 지도 속에서 고향의 산자락에서 시작된 발걸음이 군사분계선 부근에서 한동안 멈칫거리다가 백두대간을 타고 오르는가 하면, 압록강과 두만강의 국경을 넘고 몽골 초원과 시베리아를 거쳐 바이칼 호수에 이르기도 하고, 북쪽으로 치달아 올라 베링 해를 건너 알래스카의 극지방에까지 흔적을 남기고 있다. 그리고 그의 족적은 가는 곳마다 지울 수 없는 기억들을 끌고 다니다가 어느덧 갈라진 한반도의 현실로 되돌아온다. 그의 생애에는 전쟁과 분단에서 비롯된 두 갈래의 깊은 상처가 관통하고 있기 때문이다. 하나는 "인공시절 가족들이 좌우로 분리되어 갈피를 못 잡고 각자 흩어"졌다가 10년이나 지나서야 "하나 둘 모여"든 데에서 비롯된 것이고, 다른 하나는 비무장지대에서 군사분계선을 넘나들며 북파공작원들을 보내고 맞이하는

'작전'에서 비롯된 것이다. 특히 두번째 상처는 근래에까지 시인에게 "육체와 정신이 분리되면서 살기 띤 침묵과 고독과 불안이 한 덩어리가 되어 눈앞에 둥둥 떠다"니게 할 만큼 참혹한 것이었다.[3]

그의 시세계는 물론 이러한 상처들로 환원될 수 없을 만큼 폭이 넓지만, 많은 시들에 어두운 그림자를 드리우며 암호처럼 응축된 비유들을 빚어내거나 참혹하고 처절하게 찢긴 육신들을 갈무리하지 못하는 '체험적 진실'을 공존케 했다. 그러나 이제 『바이칼 키스』에서는, 침묵의 기표 속에 응축되거나 난해한 은유 속에 감추어지거나 스산한 풍경 속에 아프게 드러나기도 했던 그때의 상처들이 무의식 깊숙이 가라앉거나 생명의 흐름 속으로 스며들었다가 때때로 풍경들과 함께 어슴푸레하게 떠오르고 있다. 이제 이 시집의 화자는 예전의 완강한 침묵의 분위기를 떨쳐버리고 눈앞의 풍경들이 불러일으키는 느낌을 존댓말에 실어 정겹게 이야기할 때가 많아졌다. 안팎의 금기들이 사라지면서 그의 의식이 좀더 유연해진 탓이리라.

이 시집에는 풍요로운 자연의 품이 느껴질 만큼 산과 호수, 초원과 사막이 넓게 펼쳐져 있다. 그는 자연적 사물들로써 삶의 의미망을 넓혀가는 데 매우 탁월한 솜씨

---

[3] 신대철, 「신대철의 주요 문학 연보」(『시와 사람』, 2006년 겨울호)와 앞의 「시인의 말」 참조.

를 보여준다. 그러나 그의 자연물들은 낯익은 서정주의로 무기력하게 빨려들거나 가없는 무의미 속으로 소실되지 않는다. 유년의 경험에 뿌리내린 그의 '자연'은 문명 또는 도시와 대칭이 되는 자리에서 저절로 발견되는 그런 것이 아니다. 그의 시집들을 순서대로 읽어가다 보면 자연 속에서 태어나 자연 속에서 자란 사람의 심성이 점차 사회로, 역사로, 그리고 더 넓은 세계로 확산되어가는 과정이 어렴풋이 짚여오지만, 이러한 관찰은 피상적인 것이다. 그보다는 오히려 평범한 삶에서 추방(전쟁 중의 가족이산)된 어린 소년이 산에 깃들면서 자연이 그의 생리가 되어버린 것으로 보인다. 그가 첫 시집에서 "세상에 山 아닌 것은 무엇인가?"(「혼을 빼앗기면」) 하고 말할 만큼 산은 그의 혼이 되어 있다. 그런가 하면, 「自然」의 화자인 '소년'은 자연과 한 덩어리가 되어 있다. '소년'은 "홀로 山 꼭대기에 남겨"져 있고, 목소리로 '꽃망울'을 터뜨릴 만큼 자연과 생명적으로 교감하고 있다. 이처럼 그의 시에서 자연은 서정적 주체의 대상으로만 존재하는 것이 아니다.

이 시집에 실린 「아기 순록」에서 화자는 "바늘잎에 눈 찔리고/가시에 이마 긁히고/피 흘릴수록/사람에 다친 상처/흔적 없이 아문다"며, 자연에 의탁하여 인간을 경원하는 듯한 모습을 보이고 있지만, 이것은 세상의 상처를 단순하게 환기시킬 뿐 자연과 인간을 근원적으로 대립시키고 있는 것은 아니다. 시인은 오히려 자연의 아름다움을 극적으로 드러내면서도 그것을 인간의 삶의 모습에 투사할 때가 많다. 말하자면, 자연이 주는 느낌을 자신의 경험이나 상상과 결합한 하나의 풍경으로써, 특이한 삶의 단면이나 그 지역 사람들의 삶 전체를 눈부시게 조명하는 것이다.

  금강송 잔가지들은 햇빛 받으러
  나무 꼭대기에 올라가 있다.
  넘치는 햇살만 줄기 타고 번져온다.

  벌겋게 까진 산길엔 통나무집 한 채
  손가락으로 머리 빗는 할머니
  장성한 자식들 도시에 나가 있고
  소리 없이 일어나는 개 한 마리

  허스키,
  눈썰매에 디프테리아 항혈청 싣고
  혹한 속 멀고 먼 설원을 달려
  놈 아이들을 구해낸 시베리안 허스키

  가만히 머리를 쓰다듬으니
  부드럽게 목을 들어올린다.

털 속의 털 보얗게 드러날 때
푸른 눈빛에 스쳐가는 눈보라
눈보라 속을 헤쳐 나와
할머니 옆에 기대앉는 허스키

할머니가 손가락으로 미소로
허스키의 뭉친 털을 빗겨주고 있다.
                    ―「할머니와 허스키」전문

  첫 연은 햇빛 속에 서 있는 "금강송"의 생리를 눈부시게 그려내고 있다. 그리고 화자의 시선이 "통나무집"으로 옮아가면서 인간의 삶에 뿌리내린 "시베리안 허스키"에 이르면, 자연에 대한 감각은 그 지방의 생활에 대한 성찰로 증폭된다. 이 시에서도 그렇지만, 낯선 땅을 소재로 한 신대철의 시들에서는 깔끔하게 정리된 후주들도 시적 분위기를 돋우는 데 한몫을 거들 때가 많다. 마지막 연에서 할머니의 동작과 "미소"에는 이러한 삶의 감각이 깊이 배어 있다. 자연의 아름다움이 두드러져 보이는 첫 연으로 다시 돌아가보면, 그것은 이제 젊은이들이 도시로 떠나버리고 할머니와 개만 남아 있는, 그래서 얼핏 쓸쓸해 보일 수도 있는 시베리아의 일상적 삶을 관통하고 있는 자연의 아름다운 빛으로 보인다. 화자는 그것을 일종의 축복으로 느끼고 있는 듯하다.

물론, 자연이 늘 친화적인 느낌만 주는 것은 아니다. 이를테면, 「타마리스크 나무 아래」에서 자연현상은 더 이상 서정적 대상이 아니다. 그것은 화자의 감각을 뒤집고 생에 대한 근원적 성찰로 이끈다. 화자는 생사의 경계선에서 존재의 위기에 처해 있는 듯하다. "모래폭풍이 땅을 뒤집는" 황야로 들어선 그는 자신의 변태(變態)를 실감할 정도이다. "무엇에 쫓겨 가는지 짐승들이 미친 듯이 달렸다. 밤새 살아남은 발자국들은 거대한 먼지굴 속에서 굴러 나와 먼지를 끌고 달렸다. 황야에 들어갈수록 긴 꼬리가 생기고 몸이 팽창했다. 달궈진 시간만 소멸하면서 생성되었다. 나는 내가 인간도 짐승도 아니라는 것 말고는, 내가 없는 곳에서 내가 무수히 태어난다는 것 말고는, 무엇이 소멸 속에서 생성되고 있는지 알 수 없었다." 화자가 극적으로 드러내고 있는 걷잡을 수 없는 존재감, 이를테면 "내가 없는 곳에서 내가 무수히 태어난다는" 구절은 인간이든 짐승이든 생명을 가진 존재로서는 맞설 수 없는 극단적인 환경이 주는 고통에 대한 빼어난 은유이며, 어쩌면 이런 감각이야말로 문명의 비호가 없는 상태에서 인간이 느낄 수밖에 없는 근원적 감각일 것이다. 그리고 「빗방울 화석」에서 화자는 자연 속에 있는 한 사람의 운명을 영롱하게 아로새겨놓고 있다. 그러나 그것은 그곳에 깃든 사람들과 자연 사이의 감각의 단층을 예각적으로 드러낸 것일 뿐이다. "열풍 속에 사막을 넘어/물 한 모금 얻으려고/사람 사이로 들어온 이는/ 길 엉킨 거리에서 쓰러진다//그 불덩이 몸 두드리며/하 얗게 날아가는 빗방울, 빗방울." 이 대목은 자연에 대한 친화감을 편린조차 드러내 보이지 않지만, 인용을 생략 한 이 시의 앞부분은 인간이 자연에서 느낄 수 있는 아름 다움의 절정을 보여준다. 그만큼 인간에게 자연은 이중 적인 것이다.

고비 사람들은 이처럼 황량한 자연에 적응하면서 그들 특유의 삶의 감각과 문명을 빚어냈다. 그러나 시인은 그 곳 사람이 아니기에 그가 느끼는 정서는 그곳 사람들의 일상적인 생활감각과는 다를 수밖에 없다. 그래서 '황야 에서'라는 제목을 가진 일련의 시들은 시인의 심신이 예 전의 시집들에서와는 다른 경지에 이르렀음을 강하게 내 비친다. 「황야에서 1」에서 화자는 먼 과거에 우리 민족 이 지나온 대지 위에 발을 딛고 서서 거대한 생명의 흐름 에 접맥한다. 그리하여 "어딜 가도 고비 사람들은 돌과 풀과 짐승이 으르렁대는 황야에서 눈빛 이글거리며 돌 아"오는 야성적인 풍경에 감전된다. 그런가 하면, 「황야 에서 2」에서 화자는 샘가에서 햇빛과 짐승들 사이에서 또 다른 생, 어린 시절의 그가 살아볼 수도 있었을 원초 적 생을 만난다. "속삭이듯 중얼거리며 물통을 찰랑찰랑 채"우는 소년에게 "누구한테 무슨 말을 했느냐"고 묻자, 소년은 "짐승들한테요, 물이 움트면 또 온다고요"하고 말한다. 샘가의 풍경은 햇빛과 짐승과 소년이 하나가 된 생명의 흐름을 품고 있다. 「황야에서 3」에서도 화자는 '소년'과 함께 있다. "나는 소년의 등에 어린아이처럼 매달렸다. 심장을 울리던 말발굽 소리가 짙푸른 대기 속으로 빨려들고 있었다. 검붉은 산맥이 줄기차게 따라왔다. 말에서 산맥으로 훌쩍 옮겨 타고 황야를 빠져나가고 싶었다"에서 '소년'은 질풍같이 말을 달리는, 생명이 약동하는 소년이다. 그런데도 화자는 이 황야에 또다시 "잊혀진 얼굴"들을 떠올린다. "날이 저물고 새들 높이 날아가고 수태차 향기에 홀연히 사라지는 흙먼지, 황막한 고요, 그 속에 피어오르는 잊혀진 얼굴 하나하나 감싸는 황야의 빛은 어디서 오는가? 거친 생명붙이들이 지상에 남긴 마지막 숨결이 아니라면?"(「황야에서 4」). 의문부호가 붙어 있기는 하지만, 화자가 자신의 마음속 깊은 곳에서 떠올리는 것은 일생을 함께해온 그 혼들이다. 그러나 이 혼들은 풍경을 심화할 뿐 가슴깊이 파고드는 회한과 고통을 동반하고 있는 것으로는 보이지 않는다. 화자는 마지막으로 그곳의 생활 속으로 깊숙이 침투한다. 화자는 말똥으로 곳간도 짓고 "열기와 냉기를 조절"하며 사는 이곳 노인의 일을 거들다가 생활 속의 지혜가 배어 있는 노인의 말 한마디를 전해준다. 그는 "사람 똥은 냄새만 피우지만 말똥은 열기와 냉기를 조절한다고, 사람도 자연에 가까울수록 쓸 데가 많다"는 노인의 말에 "한참 있다가 쑥스러운 듯 여기선 그렇지요 하고 말을 덧붙인다」(「황야에서 5」). 화자가 자신의 말을 "쑥스러운 듯" 여기는 것은 물론 자신이 속한 세계에 대한 부끄러움의 표현일 것이다.

그런가 하면, 몽골 초원의 느낌과 삶을 풍부하게 담고 있는 「흘러온 물 푸르게 흘러가는 초원에선 빛이 향기를 낸다」에서 물은 풀과 양떼들 속으로 흘러간다. "은은히 산속에서 초원으로 흘러드는 물, 풀뿌리 스치고 새 발자국 찍힌 물, 개구리 잠기고 뱀 건너가는 물, 타르왁이 마시고 목마른 자 엎드려 눈 감고 마시는 물"이다. 황홀한 생명의 흐름 속에서 화자는 '빛'에서조차 '향기'를 느낀다. "만삭의 아낙"이 새 생명을 품고 있듯이, 초원은 온갖 생명을 품어 안고 한없이 펼쳐져 있다. 그 속에서 시인은 온몸으로 생명을 호흡하고 있다. 물론, 몽골에는 초원과 사막만 있는 것은 아니다. 그곳에도 도시가 있고, 역사가 있고, 지금도 진행 중인 정치가 있다. 거기에는 우리 민족의 갈라진 역사의 아픔도 한 가닥 흘러들어 있고, 비디오를 보다가 야한 장면이 나오자 계속 담배를 피우는 아이도 있다. 이 아이를 피해 밖으로 나온 화자는 "얼마나 무거운 말을 누르고 있었는지 혀끝이 얼얼했다"(「몽골일기 6」)고 느낄 만큼 충격을 받는다.

이 시집에서 바이칼 호수와 관련된 시들은 민족의 뿌리와 공존의 감각을 드러내는 쪽으로 흐른다. 「바이칼」

은 '할머니'의 '웃음'을 매개로 거대한 시간성에 따뜻한 피가 흐르는 형상을 부여하고 있다. 세 부분으로 나뉜 첫 부분에서 "은빛 물빛"은 "큰 소나무 위에서/품속으로 돌아온 아이들/산 능선 걸치고 잠들어가"는 모습을 바라보는 할머니의 눈빛이다. 그런데 그 눈빛이 어느덧 "아내의 눈가로 돌아"와 있고, 아내의 웃음은 "은빛 물빛 할머니의/할머니의 머나먼 할머니를 향해" 모성으로 이어진 거대한 시간을 육화한다. 둘째 부분에서는 바이칼 가까운 곳에서 백두대간에서 보았던 "솜다리와 엉겅퀴와 민들레가 길언덕에 한데 어울려 있"는 광경을 본다. 이 광경은 멀리 떨어져 있는 두 공간을 겹쳐놓으며 우리 민족이 지나오고 살아온 땅이 된다. "누군가 바이칼! 바이칼! 하고 소리"치는 소리가 들리고 "모두들 알몸"이 되어 "물속에 잠"기자 "몸속에 들어와 있던 수심이/조금씩 물살로 풀어"진다. 가슴까지 차올랐던 "수심"이 "물살로" 풀어지는 느낌 때문에 화자는 어쩔 수 없이 거대한 생명의 흐름에 접맥하게 된다. 화자의 상념 속으로 흘러가는 바이칼은 "우리가 있기 전에 우리가 오고/우리가 있기 전에 우리가 그리워한 곳"이다. 여기서 우리의 감각을 흔드는 대목은 우리가 존재하기 이전을 감지하는 "있기 전"이다. 이것을 통해 화자는 우리 민족이 비롯되고 이동하고 정착하기까지 겹겹이 쌓인 시간이 지금 우리 몸속에 흐르고 있다는 것을 오롯이 느낀다. 그리고 그곳은 "어린 시절 굴뚝 밑에서/처음으로 죽음을 느끼고 울고 있을 때/사람은 누구나 먼 곳에서 왔다가/다시 먼 곳으로 돌아간다고 하시던 할머니"의 말씀을 듣고 두려움 속에서도 그리워했던 바로 '그곳'이라고 화자는 느낀다. 이제 바이칼 근처의 풍경들은 고향마을 같은 느낌으로 다가온다. 그러기에 "구릉길"은 "탯줄"처럼 보이고, "솔숲 우거진 산자락 아래 [……] 포근히 들어앉은 후지르 마을"은 낯익은 풍경 이상의 의미를 띤다. 그래서 화자는 "언젠가 들은 듯한 자장가 소리"까지 듣게 되는 것이다.

시인에게는 아직 '아린' 기억이 남아 있지만, 그것은 이제 상처에 직핍하기보다는 잃어버린 유년의 눈부신 아름다움과 닿아 있다. 그것은 바이칼에서 정화된 시인의 감성이 되찾은 "고향의 어린 동무들"이다. "호숫가 벼랑 위에 앉았다. 별빛 흐려지는 은하수 근처에서 별똥별이 쏟아진다. 소원을 말해봐, 누가 속삭인다. 비밀이야, 누가 속삭인다. 누구더라, 누구더라, 아린 목소리만 남은 고향의 어린 동무들//너는 소원도 비밀도 없니?/누가 속삭인다"(「눈부신 소리」). 이 시 속의 화자는 쏟아지는 "별똥별"에서 어린 시절의 "고향 동무들"을 떠올리면서도 이제는 유년의 악몽에서 헤어나 있는 것으로 보인다. 첫 시집에서부터 늘 시인을 따라다니는 '소년'은 바이칼에서도 모습을 드러낸다. 소년은 물론 하나이면서 여럿이다. 이 소년은 특히 순수한 생명을 느끼게 하는 풍경

또는 장소에서 그곳의 순수한 생명 자체로 드러나기도
한다. 이를테면, "바이칼 소년이 빛을 등지고 웃고 있다.
[……] 소년이 들어왔다 나간 몸속에 은빛 푸른 영혼이
돈다./내가 지상에 오기 전에 핏속에서 오래 기억하고
그리워한"(「바이칼 소년」)에서 이 소년은 화자가 태어나
기도 전부터 "핏속에서 오래 기억하고 그리워한" 원초적
이미지로서의 "은빛 푸른 영혼"을 떠올려주고 있다. 그
러나 이 소년이 방을 나가면서 먼저 떠올려준 것은 '옛
집'과 관련된 기억이다. "떠돌이들이 구멍 뚫린 창문에
슬며시 남기고 가던, 저 떨리는 목소리 같은 흰 별빛, 바
람 속의 바람 소리, 그 옛날 산소년들은 한밤에 떠돌이들
을 찾아 얼마나 눈 속을 헤맸던가. 흩어진 산길을 한 줄
로 몰아 마을 쪽으로 돌려놓고 가슴 속의 풀과 나무와 짐
승 이름을 아무도 모르게 사람 이름으로 바꿔놓고 그 이
름 지워질 때까지 다시 돌아오지 않던 그리운 이웃들,/
바이칼 소년은 웃다 말고 나무와 나무 사이 여백에 박혀
있고 나는 그 떠돌이 이웃들처럼 자리를 뜬다." 그리움
이 절절한 이 대목을 시인은 매우 정밀하고 섬세하게 배
치하고 있다. 자신의 어린 시절을 떠올려주는 소년, 아니
소년이 환기시켜준 어린 시절 자신의 눈으로 현재의 자
신을 느끼는 방식으로. 그러나 이것은 기법의 산물이라
기보다는 그 자신의 마음이 가장 정일(靜逸)할 때 "은빛
푸른 영혼"과 함께 그 시절의 기억이 심층에서 떠오르는

방식일 것이다. "떠돌이들"은 산사람이 된 이웃들이고, "산소년들"은 그들을 찾아다니던 화자와 동네 아이들일 것이다.

그런가 하면, '바이칼 키스'라는 제목을 달고 있는 세 편의 시들은 하나의 핏줄 또는 하나 됨의 감각을 감동적으로 드러내면서, 우리 몸속에 잠들어 있는 유구한 시간과 육친적 동질감을 일깨운다. 산문과 운문의 교직에서 전자가 우위를 차지하고 있는 것은 장면에 대한 묘사의 필요성에서 비롯된 것이지만, 부분적 인용을 허용치 않을 만큼 그 짜임이 내밀하다. 그러나 "첫키스"의 감각을 지나쳐버릴 수는 없을 것 같다. 화자는 "투명한 물살 밑에 일렁이는/희미한 문살무늬 그림자"에 이끌려 물속에 들어갔다가 어떤 사내에게 이끌려 올라온 뒤, 바이칼에서 태어났다는 남녀에게 "나도 두 사람 사이에서 막 태어났다"는 재치 있는 농담과 함께 "바이칼은 호수 이름이 아니라/피의 영혼의 이름이죠?" 하고 물었다. 낯선 사내가 화자에게 키스를 하도록 한 것은 화자가 "피의 영혼"을 들먹인 탓이다. 그러니까 사내의 키스는 화자가 자초한 것이다. 그런데도 '첫키스'의 감각은 아찔하다. "사내는 내 말을 되받아 바이칼은 영혼의 눈빛이라고 신파조로 중얼거렸다. 우리 앉은 자리는 어느새 가설무대가 되었다. 그는 내 코에 코 비비고 볼에 볼 비비고 느닷없이 온몸에 서릿발 서는 첫키스를 날렸다. 아무도 없었지만 물과 바람과 햇빛 속에서 비명소리가 울려왔다. 황폐한 내 몸속에 누가 또 있었던가? 바이칼 소년이? 온몸에 문살무늬 그림자 어른거리고 하늘엔 흰 구름 한 점 기웃거리다 흘러갔다." "비명소리"는 화자가 자신의 내면에서 울려온 소리를 주변의 자연에 투사한 것일 테지만, 여기에서도 "바이칼 소년"이 등장하는 것은 키스의 순수성을 다시 한 번 강조하기 위한 것이리라. 어쨌든, 화자는 "피의 영혼"에 들려 하나 됨의 감각에 이끌린다. 그래서 화자가 "빙글빙글 도는 춤 속에/바이칼 뜨거운 피가 흐른다"(「바이칼 키스 1」)고 느끼거나, "바이칼 호수가 양수처럼 노인과 아기를 감싸는군요"(「바이칼 키스 2」)라고 말하거나, 다양한 사람들의 "백발에 금발에 흑발"을 보며 "바이칼 호수에 저렇게 많은 빛깔이 숨어 있었네요"(「바이칼 키스 3」) 하고 말하는 대목들은 모두 사는 곳과 종족이 달라도 바이칼로 이어진 하나의 거대한 생명 속에 몸담고 있음을 느끼게 한다. 그러나 시인은 바이칼을 떠나면서 "떠오르는 대로 혼 달래어 〔……〕 바이칼 호수에 묻고/하늘로 덮었습니다"(「푸른 무덤」)라고, 또다시 지울 수 없는 혼들을 위무하고 있다. 그런데, 이제는 그들과 결별해도 될 만한 심성을 지니게 되었다는 것일까? 이 대목을 「바이칼 키스 1」의 한 장면과 겹쳐서 보면, 그 의미가 비교적 뚜렷이 떠오른다. "샤먼이 북을 치자 가슴에 묻힌 영혼들이 불려나온다. 빙 둘러서서 춤

추며 노래한다. 아이두세 요하르 아이두세 헤이부룰라, 맑혀진 영혼들 불길 타고 하늘로 올라가고 몸 타고 태초의 어둠이 내려온다." 그러니까, 화자는 불로 정화된 혼들을 바이칼에 묻어주며, 더 큰 영혼 속에서 하나 됨을 염원한 것이리라.

'시베리아 횡단열차'를 제목으로 삼고 있는 두 편의 시들에서 시인은 자신의 개인적 기억에서 벗어나 한국현대사에 몸 바친 이들을 불러내 "심장의 박동 소리로/시베리아 평원을 횡단한다"(「시베리아 횡단열차 1」).

> 열차는 달리면서 비워지고 광활한 하늘에서 어두운 얼굴들이 다가온다. 코민테른 자금을 싣고 모스크바에서 베르흐네우딘스크까지 금괴상자 위에서 교대로 잠들던 한형권, 박진순. 상해로 자금을 운송하고 고륜으로 되돌아와 잠깐 북경에 다녀온다는 말 한 마디 흘리고 고비 넘어 고비, 모래와 흙먼지 속으로 쫓겨가다 백당에 잡힌 이태준, 그 뒤에 그림자 같이 붙어 있는 마자알./이태준이 죽어도 고향으로 돌아가지 않고 북경 성내 술집을 드나들며 의열단을 찾아 헤맨 마자알, 그대에게 의열단은 무엇이었는가.
> ─「시베리아 횡단열차 1」 부분

가가린의 두상도 거리도 형체 없이 지우는 물안개를 따라가면 영혼처럼 다가왔다 사라지는 가로등 아래 술내를 풍기며 하수도를 고치는 노동자들. 작은 체구에 까무잡한 갈색 얼굴들은 돌아가지 못한 관동군 포로 후손들일까? '야폰스키, 다모이.' 다모이 소리를 채찍처럼 맞으며 시베리아로 끌려간 관동군들. 탄광, 채석장으로 치타, 크라스노야르스크로 질질 끌려다닌 조선 징용자들. 하루에 멀건 죽, 검은 빵 300g, 밥 반 공기에 혹한에 언 눈. 나라는 사라져도 잔상처럼 눈보라에 찍혀 나오던 짓눌린 얼굴들
—「시베리아 횡단열차 2」 부분

시인에게 시베리아 횡단열차는 흘러가는 풍경들 너머로 우리 현대사의 아픈 기억들을 떠올린다. 사전에 풍부하게 자료 조사를 한 듯, 시인은 그들이 겪어냈을 시대적 아픔과 열정을 풍경처럼 오롯이 그리듯 읽어낸다. 그리고 후주들은 그 시대를 들여다볼 수 있는 맑은 창(窓)들처럼 투명하고 정갈하다. 시인의 상상력은 끊어진 철길까지 이어가며 먼 기억들이 우리의 몸속으로 흘러가게 한다. 이처럼 시인은 발길이 닿는 곳이면 어디에서건 이국땅에서 독립운동에 헌신한 사람들이나 북한 벌목공들의 신산한 삶과 넋들을 불러내거나 "신무수 마른내 그 어디쯤에서/그대와 합수하여/한 줄기로 흐를 수 있다면"(「두만강 첫 다리를 스치며」)에서처럼 아픈 기억을 보듬고 하나 되는 염원을 부려놓지 못한다. 이러한 경향은 『개마고원에서 온 친구에게』에 실려 있는 「금강의 개마

고원에서—개마고원에서 온 친구에게 2」를 환기시켜준다. "가족사진을 바꿔 보았습니다. 〔……〕 당신의 아이는 강가에서 내 아이는 고원에서/마주보고 웃고 웃었던지요"에서 드러나듯, 그의 상상력은 '아이들'을 매개로 하여 미래로까지 힘차게 뻗어가고 있었다. 그러나 새 시집에서는 이러한 하나 됨의 감성이 대자연에까지 넓혀지고 있다는 점에서 좀더 여유로워 보인다. 이를테면, "늪에서 태어나/늪으로 돌아가는 생명들처럼/대간에서 대간으로 고요히 흐르고 싶다"며, 공간과 시간과 역사적 삶을 하나로 아우르는 이미지로서의 백두대간을 오롯이 떠올리고 있는 것이다.

 지금까지 펴낸 세 권의 시집들에서 시인은 줄기차게 무엇이 이 어둡고 무거운 역사와 상처를 빚어냈는지 물어왔다. 그래서 그는 역사 속에서 억압된 기억과 침묵을 내밀하게 응축하거나 민족의 하나 됨을 염원하는 시들을 써왔다. 가족들이 뿔뿔이 흩어진 후 홀로 남겨진 어린 시절에도 자신의 "비어 있는 무덤"까지 바라보며 묻기를 되풀이했고, 비무장지대에서 근무한 이후에는 참혹한 군대 체험을 오래도록 가슴에 묻어둔 채 "체험적 진실과 창조적 진실" 사이의 갈등에 시달렸으며, 북극지방과 몽골 초원과 바이칼 호수에서도 어느 쪽에서도 살 수 없었던/없는 '그대'를 부르며 하나 됨의 염원을 부려놓지 못했다. 이처럼 신대철의 시들은 삶과 현실의 자장에서 크게 벗어난 적이 없었다. 『바이칼 키스』에 실린 시들에서는 평화로운 삶의 아름다움이 눈부시게 되살아나고 있지만, "나긋나긋 바람에 흔들리는 설앵초, 어디서나 새색시 찾는 개족두리, 엉겅퀴, 솔나리, 눈물 붙인 을식이, 개마고원 평식이, 우리가 잊고 있었던 이름들을 더듬어 고원에 이르면 응혈(凝血) 풀려 연자줏빛을 띨 순 있겠지요. 충혈된 눈 가라앉혀 눈빛이라도 부드러워지겠지요"(「벼랑 능선」)에서는 "그대"의 분신들이 이제 "을식이"나 "평식이"가 되어 야생화들 곁으로 정겹게 호명되고 있다. 그러면서도 "삶 깊은 곳에 짓밟힌 은빛 한 가닥"에서처럼 상처뿐인 생에서 억눌러 두었던 순수한 아름다움을 가을 햇살처럼 맑게 떠올리고 있다.

이 밖에도 이 시집에는 어린 시절의 고향, 독립군들의 발길이 느껴지는 만주, 탈북자들의 신산한 삶이 보이는 국경지대, 분단의 아픔이 깃들어 있는 산들(지리산, 향로봉, 곰배령 등)이 등장한다. 이를테면, 「향로봉에서 그대에게 2」에서 "오솔길로 들어서자 헛디딘 발자국들 갈대밭에서 빠져나온다, 따라온다, 멈칫거린다. (발에 채는 하얀 가슴뼈, 모래 구덩이에서 누가 옮겨놨을까), 허리에 감기는 칡덩굴 밑으로 밑으로 돌 구르고 인계철선이 흔들린다, 가까울수록 아득해지는 산병호, (내가 살아 있다니! 눈앞을 획, 획 스친 것들은 무엇이었을까)/생의 감각을 넘어서면 바람도 제자리로 돌아가는가, 고독도 죽음도 제

자리로, 우주 어디로?" 하고 말하는 화자는 아직도 자신을 뒤따르는 발자국들을 느끼면서 "지름길"로 가지 못하고 자꾸만 뒤처진다(「세 잎 양지꽃」). 그렇지만 "지리산" "이현상"과 같은 고유명사들은 이제 더 이상 보통명사 뒤에 숨어 있지 않다. 그러면서도 그의 목소리에는 아직도 "나와 나 사이/아직 바람이 불고 있다"(「군락(群落)」)고 말할 만큼 쓸쓸함이 여운처럼 배어 있다.

그렇다면, 시인은 이제 자신의 생을 원점에서 다시 시작하고 있는 것일까? 그의 시들은 과거와 현재를, 저곳과 이곳을 겹쳐놓으면서 느낌과 의미로 충만한 시적 풍경을 빚어내고 있다. 그 풍경들 속에는 시의 역사에서 고사(枯死)한 이미지들의 사막 너머로 자연을 닮은 놀라운 형상들이 빛을 발하고 있다. 그것은 단순한 이미지 또는 이미지들의 복합체가 아니다. 그것들은 시인의 삶 속에서 깊이 침전된 무거운 기억들이 긴 시간 동안 서서히 의식의 표면으로 떠오른 것들이다. 신선한 느낌과 깊은 깨달음이 우리의 감각 속으로 투명하게 스며드는 듯한 감각을 유발하는 것은 그 때문이다. 그의 시세계는 가끔씩 풍경에서 탈취해온 것들의 가공물들로 이루어진 것이 아니다. 이 시집에서 시인은 노년의 깊어진 눈으로 우리 민족의 발자취가 새겨진 풍경들 속에 깊은 생명감을 부여하고 있다. 시인은 이제 자신의 노년에 도달한 자유로운 정신과 깊어진 감수성을 은총으로 향유하고 있는 듯하다.